Ich mache, was *ich* will!

MIEKE MOSMULLER

ICH MACHE, WAS *ICH* WILL!

Freiheitsphilosophie für junge Menschen

OCCIDENT VERLAG

aus dem Niederländischen
von Holger Niederhausen

ISBN 978-3-00-040434-4
Alle Rechte vorbehalten
Copyright © Occident Verlag, Baarle Nassau 2012
Internet: www.occidentverlag.de
E-Mail: info@occidentverlag.de
Umschlaggestaltung: Occident Verlag
Umschlagabbildung: Schneewittchen, Anton Pieck
Grafische Gestaltung: Carina van den Bergh

INHALTSVERZEICHNIS

Vorwort   9

Fragen zur Freiheit   11

Wenn man machen kann, was man will, ist man frei...   15

Zwischen Freiheit und Leben   19

Wissenschaft und Psychologie   21

Ich bin   25

Langeweile und Bewegung   31

Gefühl   41

Gedanken   47

Denken des Gefühls   53

Denken der Freiheit   57

Das Wissen   65

Der inhaltsreiche Spiegel   69

Der Zwang der abstrakten Einsicht   85

Die ungedachte Einsicht   89

Die Freiheit   93

Ich tue, was ich will   105

Abschluss und Vorblick   109

VORWORT

Alle Menschen leben so, als ob Freiheit existiert. Die Schlussfolgerung innerhalb der Wissenschaft und Philosophie, dass Freiheit eine Illusion sei, ist im Alltagsleben nicht zu akzeptieren. Es erscheint wie eine schonungslose Selbstquälerei, zu dem Bewusstsein zu kommen, dass Freiheit nicht existiere.

In diesem Buch will ich nicht von gängiger Wissenschaft oder Philosophie ausgehen, sondern von dem menschlichen Alltagserleben. Es wird sich zeigen, dass es sehr gut möglich ist, aufgrund des unbefangenen Selbsterlebens zu einem genau umschriebenen philosophischen und psychologischen Begriff der Freiheit zu kommen. Dieser Begriff beruht einerseits auf *Erfahrung* und andererseits auf der genauen Beschreibung dieser Erfahrung.

Die beschriebene Erfahrung ist für jeden zugänglich und überwindet alle Zweifel bezüglich der menschlichen Freiheit. Weil vor allem jüngere Menschen ihren Lebensweg in Freiheit suchen wollen, wurde versucht, den Text für jüngere Menschen lesbar zu halten. Natürlich ist es ein Thema für *jedes Lebensalter*.

Es ist kein wissenschaftliches oder philosophisches Wissen notwendig, um dem Gedankengang dieses Buches folgen zu können. Das Einzige, was erforderlich ist, ist etwas Geduld und Zeit, um auf sich selbst zu schauen und ein wenig Forschung über Unfreiheit und Freiheit zu betreiben.

FRAGEN ZUR FREIHEIT

Freiheit ist ein Wort, und dieses Wort hat viele Bedeutungen. Die meisten Menschen verweilen nicht bei dem, was das *Wort* genau bedeutet, sondern sie fühlen etwas in sich und nennen das ihren Willen, frei zu sein. Dieser Wille zur Freiheit ist in unserer Zeit einer der bedeutsamsten Impulse in den Menschen, und es ist daher sinnvoll, einmal etwas länger bei ‚Freiheit' zu verweilen.

Freiheit scheint etwas mit der Möglichkeit zu tun zu haben, zu *tun*, was man selbst will. Wenn wir in ältere Kulturen zurückblicken, dann sehen wir, dass zum Beispiel bei den Griechen und den Römern noch Sklaven ‚gehalten' wurden. Ein Sklave, war ein *Mensch*, der keinen eigenen freien Willen hatte. Er musste in völliger Hingabe nach dem Willen seines Herrn und Meisters leben. Der Herr konnte nach seinem Willen über den Sklaven verfügen, ihn auch strafen und misshandeln, ganz nach seinem eigenen Gutdünken. Sklaven und Sklavinnen konnte man kaufen und dann waren sie der eigene Besitz. Auch edle und hochentwickelte Menschen hatten Sklaven, sie behandelten ihren ‚Besitz' natürlich gut. Aber es war in dieser alten Kultur etwas Selbstverständliches.

Im Mittelalter verbreitete sich das Christentum in Europa, und die wirklichen Christen (‚wirklich' gemeint als Gefühl, dass alle Menschen in Christus gleichwertig sind) empfanden die Sklaverei immer mehr als unangemessen.

Das Besitzen von Menschen wurde immer mehr als ungerecht erlebt, und die Sklaverei beschränkte sich auf Sondersituationen (so wurden zum Beispiel sowohl Muslime wie auch Christen in Kriegsgefangenschaft noch als Sklaven behandelt), und die slawischen Völker wurden noch lange als Sklaven betrachtet (sogar die Worte stimmen fast überein). Doch der Mensch verzichtet nur mit Mühe auf die Macht über den Mitmenschen. Die Sklaverei besteht noch immer. Man kann im Internet einmal nach ihrer Geschichte und dem heutigen Zustand schauen. Man beginnt dann zu begreifen, wie komfortabel unser Leben in Europa ist und wie *frei* wir eigentlich schon *sind*. Der innerliche Drang zur Freiheit erscheint dann wie ein Luxusproblem.

Als Kind und aufwachsender jüngerer Mensch hat man sich vielleicht noch zuweilen als ‚Sklave' seiner Eltern und Erzieher empfunden. Sie hatten – und haben vielleicht noch immer – etwas über einen zu sagen. In den höheren Klassen der Schule wurde der Drang, sich hieraus zu befreien und auf eigenen Beinen stehen zu wollen, vielleicht sehr stark. Hat man sich still widersetzt? Ist man ein Rebell geworden? Hat man sich angepasst? Ist man zwischen allem hindurchgeschlüpft? Hat man gelernt, sich stark zu fühlen, in einer Gruppe, im Sport, einem Verein, auf Partys, im ‚Anmachen', im Kiffen, im Durchbrechen jeder Ordnung? Oder hat man sich eher einsam zurückgezogen, sich allein gefühlt, vielleicht mit dem Laptop, dem Telefon oder dem Fernseher als einzigem Freund?

Ein Wille zur Freiheit, der in allen modernen Menschen wie ein Feuer brennt, ist eigentlich unerklärlich. Woher kommt dieses Feuer? Man ist ‚erwachsen'. Das bedeutet wörtlich: ausgewachsen. Alles, was man mitbekommen hat – an Anlagen, Umwelteinflüssen, Erziehung –, ist gleichsam ausgearbeitet, ausgewachsen. Man kann noch weiter alles Mögliche lernen, man studiert vielleicht, oder man macht eine berufliche Ausbildung. Oder man findet seinen Weg (noch) nicht, man sucht noch; oder man ist zu faul, um etwas zu unternehmen. Wie es auch sei, man ist erwachsen. Woher dann dieses Feuer? Vielleicht finden wir eine Antwort auf diese Frage.

Es lebt in einem ein heftiger, unwiderstehlicher Drang, sich auf eigenen Beinen stehend zu fühlen, sich selbstständig zu machen, um endlich ‚machen zu können, was man will‘.

Ist es nicht notwendig, einmal zu betrachten, inwieweit dies eigentlich möglich ist?

WENN MAN MACHEN KANN, WAS MAN WILL, IST MAN FREI...

Wir wollen diesen Satz einmal näher untersuchen. Man hat die Schule hinter sich, und man studiert oder hat eine Stelle. *Will* man das wirklich? Irgendwo schon, aber man führt auch einen Kampf mit anderen Dingen, die man will. Man will ausgehen, ins Kino, man will bei Facebook dabeisein, DVDs anschauen, im Internet surfen, Spiele ausprobieren, E-Mails schreiben, Beziehungen kürzerer oder längerer Dauer mit Jungen bzw. Mädchen knüpfen, ausschlafen, Essen gehen, arbeiten, um Geld zu verdienen ... und was es noch alles gibt. Man will das alles, und man fühlt sich erst frei, wenn man ungestört *tun* kann, was man will.

Doch da hat man seine Eltern, die sehr viel Wert auf das Studium oder die Karriere von einem legen; darauf, dass man gut Geld verdient, und die finden, dass die Erziehung noch nicht zu Ende ist. Da sind drei hübsche Mädchen, und man will sie alle drei. Man muss um neun Uhr in der Uni sein, aber man ist erst um vier Uhr ins Bett gegangen (mit *einem* der drei Mädchen). Man muss vor zwölf Uhr auf die E-Mail wegen dieser einen Stelle reagieren – und man *muss* sie haben, sonst kann man die Miete seines Zimmers nicht bezahlen. Man will aufhören zu rauchen, aber man raucht so gerne. Man trinkt zu viel, aber es ist so toll, und man braucht dieses Gefühl so sehr. Welcher Wille ist nun eigentlich der *eigene Wille*?
Wenn man hierüber nachzudenken beginnt, sieht man

recht schnell, dass man nicht alles gleichzeitig wollen kann. Ganz offensichtlich steht der eine Wunsch im Widerstreit mit dem anderen. Doch dann ist Freiheit unmöglich und das Feuer in einem, dieser Trieb nach Selbstständigkeit, nach autonomer Willensentfaltung, eine sinnlose Gabe der Natur.

Daneben gibt es das große Gebiet von ,keine Lust haben'. Freiheit würde auch bedeuten, dass man nicht tun muss, was man nicht will. Es gibt *so* viele Dinge, zu denen man keine Lust hat. Keine Lust, heute seine Mutter anzurufen – was man versprochen hatte. Keine Lust, in die Vorlesung oder zur Arbeit zu gehen; keine Lust, diese E-Mail zu beantworten, diese zahllosen SMS dieser drei Mädchen (oder Jungen), die alles Mögliche wollen, wozu man keine Lust hat. Keine Lust, mit einem Bier und einer Zigarette bis nachher zu warten. Keine Lust, aufzustehen und seine Sachen zu waschen ... und so weiter.

Auch dies braucht man sich nur sehr kurz klarzumachen, und man sieht, dass man absolut nicht frei ist, ,keine Lust zu haben'. Man würde immer weniger Lust haben, wenn man dem Nicht-Wollen nachgeben würde. Man muss trotzdem aufstehen, in die Vorlesung gehen, seine Mutter anrufen – wenn nicht heute, dann doch morgen –, zur Arbeit gehen, seine Miete bezahlen, seine Sachen waschen...

Vielleicht ist man erst wirklich frei, wenn man auf die Reise geht. Weg von zuhause, weg von allen Verpflichtungen. Man packt seine Sachen in einen Rucksack und geht einfach. Allein? Das muss wohl sein, sonst beschränkt der Andere wieder die Freiheit. Man geht einfach... Aber wie? Wohin? Mit welchem Verkehrsmittel? Man braucht doch eine Karte oder ein Navi. Und man braucht Geld. Einen Plan, eine Route. Man kann alles zurücklassen, außer sich selbst. Das ganze Willens-, Wunsch-, Gefühls- und Gedankenleben geht mit einem mit.

Vielleicht findet man die Freiheit in Drogen. Man fühlt sich aus seinen gewöhnlichen Gefühlen und Gedanken befreit. Erweitert fühlt man sich ... zeitweise. Doch dann muss man wieder und wieder und wieder... Ist das Freiheit?

Wenn man es so betrachtet, wird man ziemlich ratlos. Darum schaut man nie darauf. Man hat nun einmal diesen Antrieb nach Freiheit, und man bleibt lieber in der Illusion, dass diese Freiheit existiert. Man kommt nicht einmal so weit, über Freiheit nachzudenken. Man strebt danach mit großer Leidenschaft – aber man will sie nicht kennen.

Vielleicht ist der Drang zur Freiheit der spezifisch menschliche Instinkt? Wie die Biene sich zum Honig verhält, so der Mensch sich zur Freiheit? Aber dann müsste dieser Drang doch irgendeinen Sinn haben, müsste Freiheit erreichbar sein.

Wenn man erst einmal einen guten Job hat, einen Partner, ein paar süße Kinder, ein hübsches Haus, schöne Ferien – dann beginnt die Freiheit. Doch dann stellt sich heraus, dass man für diesen guten Job seine ganze Energie einsetzen muss, dass Kinder kein Spielzeug sind, sondern eigensinnige Wesen, die auch schon diesen Drang nach Selbstständigkeit haben. Dass man für dieses hübsche Haus keine Hypothek bekommt und sich mit dem begnügen muss, was man bezahlen kann; dass man in seinen Ferien *so* müde ist, dass man die Umgebung kaum wahrnimmt, und dass die Kinder den letzten Rest an Energie verlangen, weil sie wollen, dass man mit ihnen schwimmt, rennt – während sie kulturelle Interessen unsinnig finden...

Das Leben, wie auch immer es sei, scheint viel mächtiger als man selbst zu sein. Man hat ein bisschen Spielraum, innerhalb dessen man sich frei wähnen kann – darüber hinaus scheint eine Macht zu herrschen, die einem sein Leben auferlegt. Und langsam passt man sich an. Selbst der größte Rebell wird meistens doch ein braver Hausvater, letztendlich. Selbst die selbstständigste Frau wird schließlich eine fürsorgliche Hausfrau und Mutter. Einige landen ‚unter den Brücken der Pariser Seine', wo Hunger und Schmutz die äußere Macht sind. Noch seltener ist der Mensch, der es im Leben ‚zu etwas gebracht' hat. Große Künstler, Politiker, Schauspieler. Sie werden aber von der Macht ihres Erfolges gelebt.

ZWISCHEN FREIHEIT UND LEBEN

Man muss ein ganzes Leben mit diesem Streit zwischen dem Drang nach Selbstständigkeit, nach Freiheit, und der Macht des Lebens selbst – mit allen Faktoren, die dabei eine Rolle spielen – verbringen. Es wird nicht einfacher, wenn man einfach daran ‚vorbeischläft‘. Es ist das größte Lebensproblem unserer Zeit, und man sollte lieber wach werden. Es ist ein Luxusproblem, das ist wahr. In Zeiten harten Existenzkampfes kommt kein Mensch an dieses Problem heran. Alle Energie wird dann dem Drang zu überleben gewidmet, ein Trieb, der in allen mit Gefühl begabten Lebewesen ein Urtrieb ist. Erst wenn dieser Überlebenskampf nicht nötig ist, kommt dieser ‚höhere‘ Trieb zur Äußerung: das Streben nach Freiheit. Und weil die persönliche Freiheit nur schwer mit der des Anderen zusammengeht, wird ein solches Luxus-Zusammenleben durch eine Menge Regeln gebunden.

Da entsteht eine zweite Macht, die sich der Freiheit gegenüberstellt: der ‚Staat‘. War das Leben selbst schon ein mächtiger Opponent des Freiheitsdranges, der Staat bringt nun Organisation, will Struktur geben, damit all diese widerspenstigen Persönlichkeiten zum ‚Zusammenhang‘ gezwungen werden. Man hat Rechte, und man hat Pflichten – diese werden in Gesetzesbüchern notiert, und daran hat man sich zu halten. Wenn nicht, dann macht man sich strafbar.

Der Freiheitsdrang kann auch einen nationalen Charakter

annehmen. Dies war schon immer die Quelle von Kriegen: das Volk will seine Grenzen verlagern. Und so kann man sich vorstellen, dass auf globalem Niveau auch so etwas wie ein ‚Über-Staat' entwickelt wird, der all diese Völker mit Freiheitsdrang binden muss, der Struktur geben muss, um sie zu einem globalen Zusammenhang zu zwingen. Das Volk, das mit dem Drang nach äußerer Freiheit einerseits und der Bündelung zu einem Zusammenleben andererseits die meiste Erfahrung hat, scheint am meisten dafür geeignet zu sein, diese globale Staatseinrichtung zu organisieren. Es wird zur ‚Weltpolizei': Amerika.

Mit Science Fiction kann man dann noch weiter gehen: Vielleicht gibt es auch noch eine physisch-kosmische Ordnung, existieren im Kosmos weiterentwickelte Menschen, zurückgebliebene Menschen, und so eine noch weitergehende Ordnung, an der der Erdenmensch Anteil hat – ohne es zunächst zu wissen. Ich will diese Sicht hier keineswegs bekräftigen, muss sie der Vollständigkeit halber aber doch nennen.

Wenn der Drang nach Freiheit, nach voller Selbstständigkeit, kein sinnloser Instinkt, sondern ein Streben nach etwas, was erreicht werden kann, ist, dann müssen wir nun doch auf die Suche nach Gebieten im Leben und in uns selbst gehen, wo die Freiheit zu finden ist – und vielleicht lässt sich diese Freiheit auch erweitern.

WISSENSCHAFT UND PSYCHOLOGIE

Durch die immer weitergehende naturwissenschaftliche Kenntnis des physischen Leibes wird auch die Psychologie immer mehr ein Fach, das als Grundlage das Physische hat. Dies bringt es mit sich, dass das allgemeine wissenschaftliche Denken über die Frage: Was ist der Mensch? immer mehr in die Richtung der Antwort geht: Ein außergewöhnlich scharfsinniges Naturwesen, das sich selbst einige Zeit erhalten kann und das ein inneres Leben hat – sowohl ein leibliches Leben als auch ein psychisches Leben, welches durch physisch-chemische Prozesse (vor allem auf der Basis der Vererbung) bestimmt wird. Dies geschieht im Zusammenspiel mit den Umweltfaktoren, die dann auch leiblich (Vererbung, Milieu, Wohnort usw.) und psychisch (Vererbung, Eltern, Erziehung usw.) sind.

Dann muss dieser Drang zur Freiheit ebenfalls von der Natur gegeben sein, einerseits vom Physisch-Psychischen, andererseits vom Widerstand gegen diesen Zwang der Umgebung ausgehend. Es müsste dann in dem lebendigen menschlichen Leib ein ‚Organ‘ geben, das diesen Freiheitsdrang gibt. So, wie das Denken eine Funktion von Gehirnzellen wäre, so wäre der Freiheitsdrang eine Funktion ... welchen Organs?

Dem steht eine andere wissenschaftliche Strömung gegenüber, die von der obenstehenden Wissenschaft nicht als ‚Wissenschaft‘ betrachtet wird. Im vergangenen Jahrhundert wurden zunehmend Berichte von Menschen veröffentlicht, die klinisch tot waren und die in dieser ‚toten‘ Periode dennoch Bewusstsein hatten. Es gibt zum Beispiel Menschen mit einem Herzstillstand, die reanimiert werden und die aus dem Tod zurückgekehrt sind. Einen spannenden Bericht einer solchen Erfahrung findet man in dem Buch ‚Return from tomorrow‘, das der amerikanische Arzt George Ritchie geschrieben hat.[1] Man kann ein solches Buch mit einer neutralen Stimmung lesen: Man hat kein Vorurteil; was man liest, das liest man, und man lässt es einfach in seinem Bewusstsein ‚stehen‘. Man wird es mit großem Interesse lesen, es kann einen kaum kalt lassen. Ob es ‚wahr‘ ist oder nicht, kann man vorläufig außer Betracht lassen.

Der niederländische Kardiologe Pim van Lommel hat die Erfahrungen von Menschen mit einer solchen ‚Nahtod‘-Erfahrung – man kann es auch ‚Rückkehr-aus-dem-Tod‘-Erfahrung nennen – untersucht. Seine Befunde und Schlussfolgerungen beschrieb er in dem Buch ‚Endloses Bewusstsein‘, das in viele Sprachen übersetzt wurde.[2] Er hält überall Vorträge über dieses Thema.

Die wichtigste Schlussfolgerung ist, dass das Bewusstsein fortdauert, wenn der Leib, das Gehirn, nicht mehr funktioniert. Das würde beweisen, dass es befreit von jeglichem leiblichen Untergrund existieren kann.

Damit würde dasjenige, was Menschen schon seit ältesten Zeiten ‚glauben‘, nämlich dass der Leib sterblich ist, die Seele oder der Geist aber nicht, wissenschaftlich bewiesen sein oder bewiesen werden können. Der Mensch selbst, der eine solche ‚Todesrückkehr‘-Erfahrung gemacht hat, braucht keinen wissenschaftlichen Beweis mehr, braucht

---

[1] George Ritchie, Return from tomorrow. Deutscher Titel: Rückkehr von morgen. Francke-Buchhandlung.
[2] Pim van Lommel: Endloses Bewusstsein. Neue medizinische Fakten zur Nahtoderfahrung. Patmos.

ebenso wenig einen Glauben. Ein solcher Mensch weiß es sicher, er hat es schließlich selbst erlebt. Für solche Menschen nimmt das Leben danach immer eine neue Wendung, man könnte es eine ‚Bekehrung' nennen. Es ist natürlich schockierend, zu wissen, dass man noch immer da war, als der Leib nicht mehr funktionierte.

Hier will ich nur auf die verschiedenen Auffassungen hinweisen. Ich will nicht das eine oder das andere annehmen. Überdies kann sogar beides richtig sein, wenn man die extremen Standpunkte einmal loslassen kann. Aber so weit gehe ich hier nicht. Ich will den Leser dafür wecken, sich in diese Dinge zu vertiefen. Die naturwissenschaftlichen Beweise sind ‚härter' als die beschriebenen Erfahrungen von Menschen. Menschen können schließlich phantasieren; *wer* bestimmt, was wahr ist? Doch allein die *Übereinstimmung* in den verschiedenen, sich unterscheidenden Beschreibungen der Nahtod-Erfahrungen macht es doch wahrscheinlich, dass ‚etwas davon wahr sein könnte'.

Ein drittes Gebiet, in das man sich auf der Suche nach einer Antwort auf die Frage: Was ist der Mensch? vertiefen kann, ist die Spiritualität. Das rein wissenschaftliche Gebiet der Beweisführung wird hier verlassen, und es werden mehr Gefühls-Wahrheiten gesucht. Es gibt spirituelle Richtungen, in denen nach dem Aufgeben von allem Egoismus gestrebt wird – aber auch solche, in denen gerade nach einem möglichst vollständigen Ausleben des ‚Selbst' gesucht wird. Es gibt Richtungen, die sich wissenschaftlichen energetischen Theorien anschließen wollen, aber auch andere, die alle Wissenschaftlichkeit gerade verlassen wollen.

Eine spirituelle Richtung muss besonders genannt werden: In ihr wird die spezifisch wissenschaftliche Haltung des Wahrnehmens und Denkens und der Beweisführung in eine Entwicklung gebracht. Es geht hier also nicht um eine naturwissenschaftliche Erforschung von Psyche und Geist; sondern hier wird das Charakteristische der naturwissenschaftlichen Forschung – das Denken – *selbst* als Geist angeschaut. Indem dies erforscht wird, wird auch Spiritualität gefunden, aber diese hat dann einen rein wissenschaftlichen Charakter. Hier geht dies vielleicht noch zu weit, ist womöglich unverständlich. Dann lese man einfach darüber hinweg – wir kommen später noch darauf zurück.

ICH BIN

Um uns unserer Frage nach der Freiheit zu nähern, wollen wir nicht zu Betrachtungen greifen. Wir könnten die philosophische Literatur durchforsten und würden darin die unterschiedlichsten Betrachtungen und Anschauungen über die Freiheit finden.

Ist sie eine Illusion oder existiert sie wirklich? Darüber sind viele Bücher geschrieben worden, und man kann wohl in allen Büchern etwas finden, von dem man sagt: Ja, so muss es wohl sein... Und wenn man sie alle zusammennimmt, findet man eine ganze Reihe von Widersprüchen, obwohl man doch alle Standpunkte irgendwie anerkennen kann.

So wollen wir hier nicht vorgehen. Wir wollen von allen wissenschaftlichen Resultaten, aller Philosophie, aber auch allen bereits gebildeten Meinungen und Urteilen absehen. Wir gehen davon aus, dass man Wissenschaft auch mehr oder weniger ‚neu' beginnen kann, das heißt, vorurteilslos, ohne Bücher, ohne Ergebnisse irgendwelcher Studien. Man ist ein Mensch, ein Junge oder ein Mädchen, ein Mann oder eine Frau. Man verfügt über einen Leib, ein Denkvermögen, ein Vermögen zu erleben und zu fühlen, ein Vermögen, Handlungen zu verrichten, im weitesten Sinne. Ob es nun die Gehirnzellen sind, die denken; ob es die Nerven sind, die fühlen, und das motorische Vorderhorn, das ‚will', lassen wir ebenfalls außer Betracht. Man ist ein Mensch, man *weiß*, dass man da ist. Das ist nicht zu bezweifeln.

Man wird leider so durch das Leben mitgerissen, dass man meistens *nicht* weiß, dass man da ist. Man weiß es halbbewusst, weil man selbst es ist, der dieses Leben lebt, der dies alles erlebt und mitmacht. Wenn man an seinem Computer sitzt, erlebt man mehr, was man da alles sieht und tut, als dass man seine eigene Existenz wahrnimmt. Dennoch weiß man auch hier, dass man da ist. Man kann einmal kurz alles ausschalten, sich hinsetzen und wirklich begreifen, dass man weiß, dass man existiert. Es gibt Theorien, dass Gehirnzellen existieren, die andere Gehirnaktivität wahrnehmen, wodurch Selbstbewusstsein verursacht werde. Das kann alles sehr gut wahr sein – es tut hier einmal kurz nichts zur Sache. Man lässt dies jetzt alles beiseite, und man weiß, dass man da ist. ‚Ich bin' kann man still denken, als Bekräftigung dieses Bewusstseins der eigenen Existenz. Vielleicht kommt Angst in einem auf. Denn das vollbewusste Bewusstsein, dass man existiert, geht immer mit der Frage einher: Ist dies zeitweise oder bleibend? Woher komme ich, wohin gehe ich? Diese Fragen will man vielleicht überhaupt nicht haben. Aber man kann sich auch sagen: In diesem Moment geht es nicht um vorher oder nachher – *ich bin jetzt*. Darum geht es. Ich bin ein Mensch, ich lebe und ich existiere – und ich *weiß* in diesem Moment, dass ich existiere.

Wir wollen dieses ‚ich bin' einmal weiter untersuchen. Wir machen von nichts anderem Gebrauch als von dem, was uns naiv gegeben ist, das heißt, der Körper, die Sinne, das Denken, Fühlen und Handeln.

Man fühlt seinen Körper, und dieses Gefühl sagt einem: Ich bin als Körper. Im Yoga, aber auch in den Übungen der ‚mindfulness' wird an diesem leiblichen ‚ich bin' gearbeitet. Schritt für Schritt realisiert man sich, dass man ein Leibesgefühl hat, das mit Muskelspannung und Atem zusammenhängt. Es kann wohltuend wirken, sich in dieser Weise seiner totalen leiblichen Gewahrwerdung hinzugeben, um sie danach zu entspannen oder zu durchatmen. Doch Freiheit findet man da nicht. Man kann vielleicht eine Freiheit empfinden, sich so auf seinen Körper zu besinnen. Aber weiter geht dies nicht, man fühlt gerade sehr stark die Hingabe an dieses wunderliche Gebilde, in dem man wie in einem Mysterium lebt oder das das eigene Leben vielleicht *ist*. In einem Mysterium kann man nie frei sein, weil *aus* diesem Mysterium heraus alles geschehen und auf einen zukommen kann, was man überhaupt nicht begreift. Man würde denken, dass man frei ist, aber es absolut nicht sein. Als Vergleich kann man sagen: Wenn man dem Alkohol verfallen ist, kann man meinen, dass man aus Freiheit um neun Uhr morgens das erste Glas trinkt – tatsächlich aber ist es die Versklavung, die einen treibt. So treibt der Leib vielleicht mehr als man meint, ohne dass man es weiß – denn man kann es nicht sehen, nicht gewahrwerden.

Man hat also ein leibliches Bewusstsein, ein Bewusstsein seines Leibes. Doch dies verschwindet im Schlaf. Dann hat man noch immer einen Leib, aber man weiß dennoch nicht, dass man da ist. Wir geben jetzt keine Standardantworten wie: Die Gehirnaktivität verändert sich im Schlaf, dadurch verschwindet das Bewusstsein. Wenn man schläft, weiß man von keinem ,ich-bin', das ist eine Tatsache. Und das Einschlafen ist keine freie Tat, es überkommt einen, wenn man die richtigen Umstände aufsucht. Wenn man auf heute Nacht, als man schlief, zurückblickt, blickt man in eine Leere.

Außer wenn man auch geträumt hat. In einem Traum *ist* man sehr wohl da, aber man ist sich dessen im allgemeinen nicht auf dieselbe Weise bewusst, wie wenn man wach ist. Man lebt in einer Art von bild-gewordenen Emotionen, die man selbst *ist*. Aber man blicke einmal auf einen Traum zurück. Das ,ich-bin' darin kann man erst jetzt sagen, wo man wach ist und sich an den Traum erinnert. Als man darinnen war, wurde man von dem Strom der Geschehnisse mitgeführt. Es mag dann sein, dass man während des Träumens *wiederum* eine andere Gehirnaktivität hatte – das kann man nur durch Messungen wissen, man weiß es nicht aus sich heraus. Aus sich heraus kann man nur versuchen zu vergleichen: zwischen dem Ich-bin-Gefühl in seinem Leib, wenn man wach ist; dem totalen Vergessen dessen im Schlaf; dem halbbewussten Anwesendsein in einem Traum. Ein Traum hat etwas von Phantasieren, aber aus einem notwendigen Drang heraus, von dem man erst frei wird, wenn man erwacht.

Dann können wir mit unserem Leib noch etwas Interessantes machen. Wir hatten ein leibliches ‚ich-bin' gefunden. Dieses fühlt man ganz inwendig leiblich. Nun berühre man sich einmal bewusst: Man lege seine rechte Hand auf die linke Hand. Man versuche, sehr genau den Unterschied zwischen dem Leibes-ich-bin und dem Berührungs-ich-bin zu fühlen. Dieses ist noch immer leiblich, aber es wird verstärkt. Die rechte Hand tastet und berührt, die linke Hand wird berührt und wird dies gewahr. Man fühlt gleichsam die eigene Aktivität des Berührenwollens, aber zugleich das Berührtwerden.

Die rechte Hand ist die eigene Willensaktivität, die linke funktioniert als Empfänger eines Sinneseindruckes. Dies gibt einem eine Verstärkung des ich-bin; es ist, als ob ein Bewusstsein dieses ich-bin hinzugefügt wird, eine Art Selbstbewusstsein. Dies verläuft fortwährend unbewusst, aber jetzt holt man es ins Bewusstsein. Dies gelingt, wenn man es langsam aufbaut. Zuerst seine Leibeswahrnehmung aufrufen und fühlen, dass man da ist. Dann bewusst sich selbst berühren und fühlen, dass es eine Art Bekräftigung des ‚ich-bin' ist.

Eine dritte Verrichtung ist die folgende. Man stellt sich

vor einen Spiegel, in dem man sich selbst gut sehen kann, am besten die ganze Gestalt. Diesmal fühlt man einmal kein Unbehagen oder Wohlgefallen beim eigenen Anblick. Man richtet seine Aufmerksamkeit wieder auf seine Wahrnehmungen des eigenen Leibes. Man schließe einmal die Augen und *fühle* seinen Leib, sein ich-bin. Man hat kein klares visuelles Bild von sich, wohl aber eine mehr oder weniger starke Leibeswahrnehmung.

Nun öffnet man seine Augen, und man sieht sein Spiegelbild. Was für ein Kontrast! Zuerst fällt einem auf, dass man sich im Spiegel erst *wirklich* sehen kann. Noch immer sieht man sich selbst nicht so, wie ein Anderer einen sieht, denn alles ist spiegelbildlich. Aber man steht trotzdem dem Abbild der eigenen Erscheinung gegenüber – zumindest von vorne gesehen.

Nun kann man eine besondere Gewahrwerdung in sich aufrufen. Man sieht diese Gestalt im Spiegel, und man *fühlt* sich selbst als Leib. Das Spiegelbild kann nichts fühlen, es ist eine Abbildung, ohne Gefühl, ohne Aktivität. Das Bild kann sich nur bewegen, wenn man selbst sich bewegt. Dabei sollte man am besten einmal etwas länger verweilen: bei dem Kontrast zwischen dem eigenen wollenden und fühlenden leiblichen Selbst und dem eigenen Bild, das aus sich selbst heraus nichts kann, nichts ist. Es kann nur abbilden, was man ist, was man tut.

Man hat nun drei interessante Wahrnehmungen gemacht. Erstens hat man anhand des eigenen Leibes bewusst gefühlt, ‚dass man da ist‘. Zweitens hat man dadurch, dass man sich selbst berührte, ein leibliches Selbstbewusstsein erlebt. Drittens hat man sich selbst als einem untätigen Spiegelbild gegenübergestanden. Zu diesem kann man sehr wohl sagen: ‚Schau, das bin ich.‘ Aber man kann nicht hineinkriechen, um wirklich zu erleben, dass man auch wirklich da ist. *Das* kann man nur in seinem anwesenden Leib.

Im Zusammenhang damit ist man sich auch dreier Zustände bewusst geworden. Das ‚ich-bin' im Leib kann man nur haben, wenn man wach ist. Wenn man schläft, weiß man nichts von sich. Wenn man träumt, lebt man in einer Art Phantasiewelt, die einen wie eine Notwendigkeit mit sich fortnimmt.

Man ist dem in viel stärkerem Maße ausgeliefert als im Leben des Tages. Doch zugleich ist es ein weniger wirkliches Leben, dieses Traum-Leben. Man kommt nicht zu einem ich-bin, obwohl man ein sicheres Bewusstsein hat, dass man die Dinge erlebt.

LANGEWEILE UND BEWEGUNG

Jeder weiß, was ‚Langeweile' ist. Es ist, als ob die Zeit zuviel Raum hat. Man hat keine Verabredungen, es gibt nichts im Fernsehen, man ist faul, hat keine Lust, nach draußen zu gehen. Man surft ein bisschen auf seinem Handy, es gibt keine Nachrichten, man wüsste nicht, wen man anrufen sollte – der Nachmittag liegt wie eine Wüste bis zum Horizont vor einem. Man hat dann ganz sicher keine Lust, sich auf sich selbst zu besinnen oder ein Buch zu lesen. Dennoch braucht man solche Momente, um zu einer Besinnung auf die Freiheit zu kommen, die in diesem Büchlein beschrieben wird. Wenn alle Tage vollgeplant sind, ist kein Raum da, um sich einmal besinnen zu wollen. Gerade die ‚leere' Zeit ist dafür geeignet – und vielleicht kommt man einmal dazu, sogar ein Bedürfnis nach solchen ‚leeren' Augenblicken zu bekommen. Es sind Momente, in denen man von einer tristen Stimmung überfallen werden kann, in welcher Fragen aufzukommen drohen wie: Was hat alles eigentlich für einen Sinn? Warum tue ich eigentlich das, was ich tue, wohin bin ich unterwegs? Muss ich nicht einmal aus diesem Lebensstrom heraustreten und mich umschauen, sehen, wo ich eigentlich bin? Entgeht mir nicht gerade *durch* diesen ‚Strom' die Essenz dessen, wofür dieses Leben da ist? Fehlt mir nicht etwas?

Früher wurden die meisten Menschen zu dieser Langeweile gezwungen. Am Sonntag eine Stunde oder länger in der Kirchenbank sitzen, ob man aufmerksam dabei war oder nicht. Oder sogar den ganzen Samstag/Sonntag hindurch Pflicht-Langeweile, das Verbot, etwas zu tun, etwas zu spielen.

Es war der siebente Tag – oder der erste Tag –, der Tag der Besinnung. Von dieser Pflicht haben wir uns befreit, und doch drängt etwas im Menschen zur Besinnung – und dafür braucht man ‚langweilige‘ Momente.

Angenommen, jetzt ist so ein Moment, in dem man sich selbst zuviel ist. Wir blicken noch einmal auf uns selbst, also auf ‚den Menschen‘.

Als erstes besinnt man sich noch einmal auf sein leibliches Bewusstsein, dass man da ist, dann berührt man sich selbst. Man erlebt, wie man von der Außenwelt abgeschlossen ist, begrenzt durch seine Haut. Man ist allein. Dann betrachtet man noch einmal sein Spiegelbild. Dieses macht, dass man sich erst *wirklich* sehen kann, doch zugleich begreift man, dass der Mensch, den man da sieht, nur ein *gespiegeltes Bild* ist.

Nun setzt man sich in Bewegung. Wir sind auf der Suche nach der Freiheit. Es scheint, als komme man jetzt ganz aus Freiheit heraus in Bewegung – es muss nicht sein, man hat alle Zeit, viel zu viel Zeit. Man kann die Bewegung nun fortsetzen, zum Beispiel aus der Tür gehen, die Straße überqueren und zu seinem Fahrrad gehen. Es kann aber geschehen, dass man beim Überqueren der Straße zum Beispiel von einem Radfahrer angefahren wird und dann sechs Wochen im Gips liegen muss. Es ist ein ziemlich absurder Gedanke, dass man aus Freiheit eine Bewegung beginnt, die einem dann sechs Wochen Bewegungseinschränkung beschert. Ich will hier also die Frage stellen: Kommt man jemals *aus Freiheit* leiblich in Bewegung? Wie ist das eigentlich?

Es gibt natürlich eine ganze Skala menschlicher Bewegungen, die *instinktiv* geleitet sind. Man denke an die mehr tierischen Leibesfunktionen wie Hunger → Essen, Durst → Trinken, Müdigkeit → Schlafen. Oder man denke einmal an die Bewegung einer Eizelle und einer Samenzelle und den ganzen wunderbaren Prozess des Wachstums und der Entwicklung eines neuen Menschenkindes. Bei der Befruchtung, der embryonalen und fetalen Entwicklung, der Geburt, hat man ‚nichts zu sagen‘.

Man denkt natürlich: Befruchtungen kann man verhindern, man kann eine Abtreibung machen lassen, die Geburt einleiten. Aber das meine ich hier nicht. Die Bewegung der Eizelle vom Eierstock zur Gebärmutter, die Vereinigung mit gerade *dieser* Samenzelle, die Einnistung und so weiter … all dies sind Prozesse, die sich selbst regulieren und vollziehen. Die Wissenschaft kann zwar immer mehr verfolgen, was dabei geschieht, kann auch Umstände nachahmen, durch die eine Befruchtung im Laboratorium nachgeahmt werden kann. Doch der Prozess *selbst* vollzieht sich auf undurchschaubaren Wegen. Selbst wenn man alle Schritte kennen würde, würde man die treibende, formende Kraft nicht haben, die von einer befruchteten Eizelle zu einem Neugeborenen führt.

Ich hoffe, dass man dies einmal mitdenken will, ohne unmittelbar alles Mögliche dagegen einzuwenden. Auch wenn die Wissenschaft ‚alles‘ *wüsste*, hätte sie noch immer nicht die treibende Kraft, sie müsste blind Gebrauch machen von diesen Kräften, die in der Eizelle und in der Samenzelle schlummern und bei der Befruchtung zur Entfaltung kommen. Diese Kräfte leben im Instinkt. In der Tierwelt kann man prächtige Beispiele dessen finden. Man denke einmal an die Kuh, die täglich Milch produziert. Man denke an das komplizierte, völlig instinktiv verlaufende System der Bienen, an die Blumen, die Honigwabe, den Honig. Es geht hier nicht um wissenschaftliche Erklärungen, sondern darum, die Aufmerksamkeit und Andacht auf den natürlichen Instinkt zu richten. Man kann auch einmal ein Neugeborenes anschauen, und dann Babys, die krabbeln, sitzen, stehen, laufen, schreien, stammeln, sprechen... Vielleicht hat man noch nie darüber nachgedacht. Vielleicht meint man, die Eltern würden dem Kind dies alles beibringen. Wenn man jedoch einfach genau hinschaut, dann sieht man, dass die Erzieher nur helfen und leiten. Der Drang, zu laufen und zu sprechen, ist dem Menschen ‚eingeboren'. Das Kind denkt nicht: Ich will jetzt laufen. Es tut, was es tun muss, um dahin zu kommen. Das ist etwas rein Menschliches, das Tier kann alles schon bei der Geburt oder kurz danach. Der Mensch ist ohnmächtig und entwickelt sich langsam. Er muss das Gleichgewicht finden, um auf diesen paar Dutzend Quadratzentimetern (den Fußsohlen) seine ganze Gestalt zu balancieren. Er muss das unglaublich komplizierte Ganze einer Sprache durch Nachahmung beherrschen lernen. Wenn man daran denkt, wie viel Mühe es einen später kostet, eine Sprache zu lernen – *mit* dem Intellekt zur Verfügung –, dann ist es etwas sehr Wunderbares, dass ein Kind das ‚einfach so' lernen kann.

Die Psychologie, die Pädagogik, können noch so viel Wissen über das Laufen- und Sprechenlernen erwerben – die treibende Kraft bleibt außerhalb des Wissens, auch außerhalb der Beherrschung: Das Einzige, was getan werden kann, ist, die Verhältnisse so zu verbessern, dass die treibende Kraft ungehindert eingreifen kann.

Aber nicht alle Bewegungen sind instinktiv. Es gibt auch eine ganze Palette von Bewegungen, die auf *Neigung* basieren, auf einer bestimmten ‚Lust' an Dingen, einer Geneigtheit, die dann gleichsam zu einer Gewohnheit geworden ist. Alle Arten von Sucht gehören dazu. Man kann nicht sagen, dass der Mensch einen angeborenen Instinkt zum Alkoholismus hat. Sondern Alkoholsucht entsteht dadurch, dass das, was zuerst eine gelegentliche ‚Lust' danach war, zu einer zwingenden Lust wird. Dann entsteht ein sehr kompliziertes Ganzes von Bewegungen, die darauf gerichtet sind, die Lust zu befriedigen.

Es gibt auch viel ‚kühlere' Gewohnheits-Muster. Man putzt auf eine sehr spezielle Art seine Zähne, einzigartig ist man darin, kein Mensch macht dies einem ganz genau nach. Diese Bewegungsmuster sind durch eine angelernte Notwendigkeit gebildet: Man muss seine Zähne putzen.

Auch für dieses Gewohnheitsleben (nicht das Zähneputzen, sondern das Gewohnheitsleben als zur Gewohnheit gewordener Antrieb) findet man im Tierreich die schönsten Beispiele. So gibt es zum Beispiel die Fabeln von Äsop[3], kurze Bilder von Situationen zwischen Tieren, in denen das Unvermeidliche ihrer Art – die eine Gewohnheit, eine Neigung ist – ins Bild gebracht ist. Ich gebe hier ein Beispiel.

‚Eines Tages machte sich ein Hase über die Trägheit einer Schildkröte lustig.

‚Kommst du auch jemals irgendwo an?', fragte er spöttisch.

‚Ja', antwortete die Schildkröte, ‚und zwar schneller als du denkst. Ich werde einen Wettkampf mit dir machen, um es zu beweisen.'

Der Hase hielt es für eine absurde Idee, einen Wettkampf gegen die Schildkröte anzutreten, aber zum Spaß ging er darauf ein.

Der Fuchs wurde als Schiedsrichter herbeigerufen und legte den Start und das Ziel fest. Dann gab er den Startschuss.

Der Hase war schnell aus dem Blick verschwunden, aber um die Schildkröte noch lächerlicher zu machen, legte er sich ins Gras, um ein Nickerchen zu halten, bis sie ihn eingeholt hätte.

Inzwischen ging die Schildkröte träge, aber entschlossen weiter. Nach einiger Zeit kam sie bei dem Platz an, wo der Hase schlief.

---

[3] Internet: Wikipedia, die Fabeln von Äsop.

Doch der Hase schlief ruhig weiter; und als er schließlich wach wurde, war die Schildkröte schon an der Ziellinie. Der Hase begann nun, sehr schnell zu laufen, aber es war zu spät, um die Schildkröte noch rechtzeitig einzuholen. Ein Wettkampf wird nicht immer von dem Schnellsten gewonnen.'

Es ist ein prächtiges Stück ‚Selbsterkenntnis', man sieht hier gerade die *Unfreiheit* dargestellt, die auf Taten beruht, die nicht mehr vom Instinkt, sondern durch Neigung geführt sind. Kleine Stückchen Moral sind es, die gerade deshalb so schön sind, weil sie durch Tiere dargestellt werden: der schlaue Fuchs, der treulose Wolf, König Löwe, der hastige Hase und so weiter. Das Tier kann nicht anders, als sich so zu verhalten, denn es hat diese unentrinnbare Neigung. Und der Mensch? Das ist die Frage, die uns hier beschäftigt!

Kinder, die zur Grundschule gehen, werden ‚trainiert', ein intellektuelles Gewohnheitsleben zu entwickeln. Jeder Mensch hat die angeborene Neigung zu lernen. Bei kleinen Kindern sieht man das in ihrem Spiel, in ihren Fragen, in ihrer Nachahmung von allem und jedem. Das ist mehr instinktiv, es ist kaum Bewusstsein dabei, das Bewusstsein *entsteht* gerade durch dieses instinktive Lernen. Doch wenn sie auf der Schulbank sitzen müssen, bewegungslos – mehr oder weniger –, verlagert sich das Lernen auf eine andere Ebene, eine mehr intellektuelle Ebene. Ob das richtig ist oder nicht, lassen wir hier beiseite. Es geschieht jedenfalls. Kinder lernen in der Grundschule vor allem durch Übung, durch Wiederholen, Einprägen, Aufsagen, Nachsprechen, Abschreiben, Auswendiglernen. Auch wenn gegenwärtig vielleicht weniger im Chor ‚gedröhnt'[4] und mehr individuell gelernt wird, es geht dennoch durch das Gedächt-

---

[4] In meiner Grundschule wurde das Aufsagen der ganzen Klasse ‚dröhnen' genannt.

nis. Das Kind lernt, indem es die Inhalte zur Gewohnheit macht. Darauf stützt man sich dann ein Leben lang. Wenn das kleine und große Einmaleins Gewohnheit in einem geworden ist, hat man es lebenslang zur Verfügung – ohne Nachdenken. Zwölf mal zwölf ist einhundertvierundvierzig. Neun mal sieben ist dreiundsechzig. Doch man kann sich vorstellen, dass dieses Lernen auch auf elegantere Weise zustande kommen kann als durch ‚Dröhnen'. Ich will hier nur auf eine ‚Neigung', ein Gewohnheitsleben hinweisen, das auf einer anderen Ebene liegt als die direkte körperliche Bewegung. Bewegung ist dies schließlich auch? Aber Freiheit findet man hier nicht ohne weiteres.

Dann gibt es ein drittes Gebiet ‚unfreier Bewegung', eines In-Bewegung-Kommens, das in getriebener Weise geschieht. Es ist das Gebiet der echten *Begierde* und der echten Abneigung. Kein Instinkt, keine Getriebenheit oder Neigung, sondern Lust und Unlust. Noch nicht zur Sucht geworden, sondern einfach in dem entsprechenden Moment heftig anwesend. Lust auf einen Hamburger bei McDonald's, ein Rinderfilet in Brüssel, ein Glas Prosecco, einen BMW 5er, ein Glas Ingwertee, dieses Mädchen oder diesen Jungen, einen schönen Film, eine philosophische Diskussion, eine Reise nach Australien ... und so weiter.
Aber auch das *Nicht*-in-Bewegung-Kommen kann auf Begierde beruhen, so wie es auch auf Neigung (zum Beispiel Temperament) und Instinkt beruhen kann. Im Falle der Begierde beruht es auf einem ‚Keine Lust', oder stärker, bis hin zu regelrechter Abscheu.
Begierde ist nicht nur Lust oder Unlust, sondern zugleich ein Drang, aktiv zu werden, um diese Begierde zu befriedigen.

Aber nicht alle menschliche Aktivität beruht auf Instinkt, Neigung, Begierde. Man tut doch auch sehr viel aus *Ein-*

sicht, man tut die Dinge auch oft motiviert. Wenn man zu studieren beginnt, tut man das, weil man ein bestimmtes Fach lernen will, einen Beruf ausüben will. Je motivierter man ist, desto mehr wird man sich einsetzen. Die eigene Motivation ist dann eigentlich der ‚Beweggrund'.

Man kann auch motiviert sein, mit dem Rauchen aufzuhören – und da gilt ebenfalls, dass eine starke Motivation die Chance des Gelingens vergrößert.

Es ist eine interessante Erscheinung beim Menschen, diese Motivation. Man kann sich damit regelrecht *gegen* Instinkt, Neigung und Begierde wenden. Offenbar ist ‚Einsicht' nicht einfach ein Wort auf dem Papier oder ein Slogan im Fernsehen. Sie entspringt aus einer Art Verweilen bei etwas, auf das man sich besinnt. Es ist nicht immer so, dass man sich ruhig an das Herdfeuer setzt, um einmal über das Leben nachzusinnen. Es kann einen auch auf dem Fahrrad überkommen, oder während der Fitness. Während man einen Film schaut oder in der Kneipe einem Gespräch zuhört. Auf einmal ist die Einsicht da, und zugleich damit die Motivation, etwas zu tun – oder zu lassen.

Es kann auch geschehen, dass man ganz unmotiviert eine Ausbildung begonnen hat, in der man sich dann von einer Prüfung zur anderen schleppt – und dass doch plötzlich die Einsicht kommt, warum man dies alles tut.

Dann merkt man auch, dass Einsicht, Motivation, eine starke Durchsetzungskraft schenkt.

Vor allem, wenn man Dinge tun muss, auf die man keine Lust hat, bemerkt man, dass man sich selbst motivieren kann. Dann wird es einfacher.

Die Frage ist nur: Ist das dann Freiheit? Oder entspringt die Motivation auch aus einem Drang, einer Art Instinkt, der in einem heraufwirkt?

Diese Frage lassen wir hier unbeantwortet. Die Antwort muss sich allmählich selbst *zeigen*, sonst bleibt es nur eine Theorie.

Nun haben wir also ein ganzes Programm von Selbstbesinnung gefunden. Zuerst fühlen wir das ‚ich-bin' leiblich, dann kommt durch Selbst-Berührung ein Schritt hinzu: ‚ich-weiß-dass ich-bin'. Im Weiteren erleben wir den Unterschied zu unserem Spiegelbild. Es ist sehr interessant, einmal etwas länger bei den Kennzeichen eines Spiegelbildes zu verweilen.

Und schließlich haben wir in einem Moment der Langeweile einmal auf etwas geschaut, was wir nennen können:

Leibes-Wille = Instinkt
Gewohnheits-Wille = Neigung, Temperament
Psychischer Wille = Begierde
Verständiger Wille = Einsicht/Motivation

Die Frage bleibt: Wann tue ich *wirklich, was ich will?* Existiert die Freiheit?

GEFÜHL

Bis jetzt haben wir keine Freiheit gefunden. Vielleicht schimmert sie hier und da irgendwo hindurch, aber sie hat sich noch nicht deutlich gezeigt. Wir müssen mit unserer Selbstbesinnung noch etwas fortfahren. Es ist wichtig, den Aufbau ‚handhaben' zu können, so das man das Bisherige als ‚Unterbau' für das Folgende dabeihat: Leibes-Ich, selbstbewusstes Leibes-Ich, Spiegel-Ich, Bewegungsimpulse (instinktiv, triebmäßig, begierdevoll, motiviert).

Wir wollen von da aus einmal unser *Gefühl* betrachten. Dies ist ein mysteriöses Gebiet unserer Psyche. Ob die Psyche nun eine Folge von Leibesfunktionen ist oder auf sich selbst beruht und die Leibesfunktionen sogar beeinflusst, lassen wir hier wieder außer Betracht. Wir interpretieren nicht, wir stellen vorläufig nur alles fest.

Das Gefühlsleben ist eine ziemlich zwingende Gegebenheit. Es scheint sich in einem so zu verhalten wie draußen das Wetter. Man ist heiter aufgestanden, um zur Arbeit zu gehen, und ohne Anlass überkommt einen auf dem Fahrrad ein Gefühl unerklärlicher tiefer Betrübtheit, die einen während einiger Tage nicht verlassen will. Dann begegnet man auf der Straße jemandem, der einem zeigt, wie froh er ist, einen zu sehen – und das eigene Gefühl klart auf, nun also durch ein nachweisliches Ereignis.

So wird ein großer Teil des *Wertes* des Lebens bestimmt.

Es kann alles geschehen und da sein, aber der Wert wird doch durch die Gefühle bestimmt, die man hat. ‚Geld macht nicht glücklich', sagt man, aber man kann durch einen Mangel an Geld sehr unglücklich sein. Doch es gibt auch Menschen, die wenig haben und deren Gefühlsleben dadurch absolut nicht beeinflusst wird. Sie hängen nicht an dem, was man mit Geld alles machen kann, und sind von Natur aus ‚wohlgemut'.

Menschen mit einer Depression haben äußerlich gesehen oft überhaupt keine Gründe dafür. Und es gibt gesunde Menschen, die schwermütig sind, und Kranke, die immer heiter sind.

Man kann sich leidenschaftlich nach Kindern sehnen – und wenn man sie dann hat, depressiv werden.

Die Wissenschaft hat für alles eine Lösung, sucht nach chemischen Stoffen, die diese oder jene Gefühle verursachen, und denkt sich dann entsprechend allerlei Heilmittel aus.

Es könnte sein, dass das Hören von Musik, die einen fröhlich stimmt, bestimmte Stoffe im Körper freisetzt. Aber damit wollen wir uns jetzt ja nicht beschäftigen...

Wenn man sich auf sein Gefühl besinnt, entdeckt man hier sehr leicht zwei Seiten: Glück und Leid, Freude und Kummer, Sympathie und Antipathie, Liebe und Hass, Lust und Unlust. Es sind alles Variationen des Grund-Gegensatzes Sympathie – Antipathie, es ist eine ganze Skala von stärkeren und schwächeren Varianten denkbar, aber auch qualitativ kann es ziemlich unterschiedlich sein. Sympathie und Antipathie fühlt man gegenüber ‚etwas' oder jemandem. Glück und Leid können, wie oben beschrieben, einfach so in einem aufkommen. Vielleicht sind es Ursachen aus dem psychischen Unbewussten oder vielleicht gehen die Gefühle aus Funktionsstörungen in den Organen des Leibes hervor? ‚Ich habe etwas auf dem Herzen', ‚Es liegt mir schwer auf dem Magen', oder ‚Da sehe ich schwarz'. Solche Ausdrücke verweisen auf frühere Zeiten, in denen die Menschen meinten, dass bestimmte Gefühle den Leib in Unordnung bringen. Gegenwärtig denkt man eher, dass leibliche Störungen das Gefühl stören. Gefühle können auch mehr allgemein für oder gegen etwas gerichtet sein: Hass auf die etablierte Ordnung. Liebe zur Literatur.

Sympathie und Antipathie können auch Willenscharakter annehmen. Dann führt Sympathie zu einem Darauf -Losgehen oder zu einem Haben-Wollen und Antipathie zu einem Von-sich-Stoßen, man vereinigt sich nicht mit dem anderen, sondern stellt sich ihm so kühl wie möglich entgegen; oder man will es vernichten, das ist auch möglich.

Zur Langeweile gehört Antipathie. Keine Lust. Für nichts empfindet man etwas, man will sich nicht einmal bewegen. Das ist jedes Mal wieder ein guter Moment, dann tatsächlich einmal sitzen zu bleiben und auf sich selbst zu schauen. Wir suchen noch immer nach der Freiheit und tun dies, indem wir uns eine Übersicht über alle *Un*freiheit verschaffen.

Wie ist das eigene Gefühl, in diesem Moment? Man versuche einmal, dies bewusst zu fühlen. Nicht sofort eine Ablenkung suchen, um vielleicht von einem ‚blöden', unangenehmen Gefühl loszukommen, sondern einmal *fühlen*, was man fühlt. Gefühle bestimmen den Wert des eigenen Lebens, aber man kann sie kaum fassen. Sie bestimmen einen, und man lebt größtenteils daran vorbei. Desto mehr Macht haben sie über einen... Hat man auch ein ‚ich-bin' in seinem Gefühl?

Weil Gefühle so unvorhersehbar und unerklärbar sind,

werden sie am liebsten entweder komplett negiert oder
aber ausgelebt (ich bin übel gelaunt, also schnauze ich jeden an) oder rationalisiert (ich fühle mich traurig und denke, dass dies auf einer starken Bindung zu meinen Eltern
beruht; ich muss mich lösen – oder so ähnlich). Eigentlich
sind Gefühle sehr stark und verderben oder bereichern das
Leben.

Wenn man dahin kommt, einmal wirklich zu fühlen, was
man fühlt, dann bemerkt man, dass das Gefühl dadurch
stärker wird, man ‚holt es herauf‘, es wird bewusster, und
man wird erkennen: In meinem Gefühl *erlebe* ich, dass *ich
bin*. Aber es ist verletzbarer. Das Gefühl ist etwas Rätselhaf-
tes, trotz aller erklärenden Wissenschaft und Psychologie.
Wenn es stärker wird, wird man unsicher. Das Leibes-ich-
bin ist buchstäblich tastbar und damit real. Das Gefühl ist
etwas ‚Schwebendes‘. In den Bewegungen war man noch
eins mit seinem Leib, man kann sich ohne den Leib nun
einmal nicht von der Stelle bewegen. Im Gefühl weiß man
auch, dass der Leib die Grundlage für das Bewusstsein des
Gefühls ist, aber es ist weniger überzeugend. Man kann
auch fühlen, wenn man still sitzt. Es bestimmt so viel im
Leben, ohne die Möglichkeit, etwas daran zu ändern.

Einerseits ist es als Grundstimmung da, andererseits wird
es durch Erlebnisse, Dinge und Menschen beeinflusst.

Man erlebt, dass man in seinem Gefühl ein Gebiet hat,
was wirklich ‚man selbst‘ ist, aber es überkommt einen,
man ist da sehr unfrei. Man scheint damit verwachsen,
und doch ist man es nicht *ganz*. Alles scheint auf einmal
aus dem Gefühl zu entspringen. Die Instinkte vielleicht
nicht, sie sind leiblich, aber alles andere hat direkt mit dem
Gefühl zu tun, das möglicherweise auch leiblich ist, aber
weniger deutlich. Der menschliche Instinkt ist *allgemein*
menschlich-leiblich. Das Gefühl ist individuell, persönlich. Nicht zu vergleichen mit dem Gefühlsleben der El-

tern, der Brüder, Schwestern, Lehrer, Freunde, Freundinnen, Arbeitgeber... Alles beruht auf einmal scheinbar auf dem Gefühl, aber sehr persönlich und sehr unfrei.

Bis jetzt hat man vielleicht gedacht, dass man frei ist, wenn man sein Gefühl ausleben kann. Tun, wozu man Lust hat; sagen, was man fühlt; seine Stimmung ausleben. Oder man hat von den Psychologen gelernt, dass man seine Gefühle rationalisieren kann, wodurch sie ihre Kraft und Macht über einen verlieren: Aber was ist dann noch die eigene Freiheit?

Tiere haben auch Gefühl, es wird durch die Tierart, zu der sie gehören, bestimmt. Wenn man dies auf den Menschen übertragen wollte, dann müsste es ein spezifisch menschliches – instinktgebundenes – Gefühlsleben geben.

Wenn man aber beginnt, sein Gefühl zu *fühlen*, dann kann man schwerlich an dieser Ansicht festhalten. Das eigene Gefühl ist schließlich gerade deshalb das *eigene* Gefühl, weil man man selbst ist, es unterscheidet sich total von dem Gefühl der Freunde, der Mitmenschen. Man könnte eher sagen, das Spezifische des menschlichen Gefühlslebens ist, dass keine zwei Menschen einander darin gleichen. Die *Worte* sind zwar dieselben: Liebe, Hass; Lust, Unlust; Freude, Kummer; Sympathie, Antipathie. Aber die Qualitätsunterschiede sind unendlich und machen scheinbar gerade den Unterschied zwischen einem selbst und dem Anderen aus.

Zugleich jedoch fühlt man, wie man mit seinen Gefühlen eins ist, man ist darin so subjektiv wie nur möglich. Man kann es zwar rationalisieren, aber nicht objektivieren. Es ist die Wetterlage der eigenen Psyche, und es gibt keinen Regenschirm, keine Klimaanlage, kein Schutzdach, keinen Sonnenschirm. Das Einzige, was man tun kann, scheint zu sein: daran vorbeileben, ausleben oder rationalisieren.

Das Gefühl sagt nicht so sehr, dass man da ist, sondern es

sagt, *wie* man ist. ‚So bin ich!' Das verweist auf den eigenen Gefühlscharakter. Aber ist es Freiheit, ‚so zu sein, wie man nun einmal ist?' Wenn man sein Gefühl intensiv fühlt, kann man das nicht mehr sagen. Es scheint der Gipfel der Unfreiheit zu sein, so sein zu müssen, ‚wie man nun einmal ist'. Das ‚wie man nun einmal ist' ist der bestimmende Faktor, und man ist nicht dabeigewesen, als dieses ‚so-sein' in Szene gesetzt wurde. Man spielt seine Lebensszenen so, ‚wie man nun einmal ist'.

Freiheit haben wir noch immer nicht gefunden.

GEDANKEN

Vielleicht empfindet man inzwischen etwas von der Wohltat der Besinnung auf sich selbst. Vielleicht weiß man nicht, dass man tief innerlich nach einem Sinn seines Daseins sucht. Diesen hat man jetzt noch immer nicht gefunden – aber es kann trotzdem etwas sehr Schönes haben, einmal in Bezug auf sich selbst Ordnung zu schaffen. Man versandet nicht in psychologischen oder wissenschaftlichen Theorien, man braucht sich nicht zu einem Glauben, einer Kirche, einer spirituellen Strömung zu bekennen. Man braucht auch nichts anzunehmen. Das Einzige, was wir tun, ist, etwas länger bei dem eigenen *Sein* zu verweilen.

Wir haben gefunden:

Ein leibliches Bewusstsein ‚ich bin‘.
Ein leibliches Selbstbewusstsein im ‚ich bin‘.
Ein ‚ich bin‘ als Spiegelbild.
Das In-Bewegung-Kommen aus Instinkt, Neigung, Begierde – oder Motivation.
Die eigenen Gefühle von Sympathie und Antipathie in reicher Abstufung; ihren rein persönlichen Charakter; das eigene Verwachsensein mit seinem Gefühl, die Machtlosigkeit, es zu verändern.

Freiheit fanden wir noch nicht.

Nun bleibt noch der bewussteste Teil in uns: das Gedankenleben. Wir werden einmal versuchen, uns eine Übersicht über die verschiedenen Arten von *Gedanken* zu verschaffen.

Es denkt den ganzen Tag in einem. Wenn man träumt, scheint es auch noch weiterzugehen, aber wenn man schläft, denkt man nicht – in jedem Fall nicht wahrnehmbar.

Ein großer Teil der eigenen Gedanken sind bewusst gewordene Gefühle. Man bringt seine Gefühle als Feststellungen in sein Bewusstsein, als Gedanken. Ich fühle mich schlecht, ich fühle mich gut, ich habe keine Lust, ich freue mich darauf und so weiter. Die Gefühle liegen nah bei einem ‚selbst‘, und man denkt auf diese Weise gleichsam ‚sich selbst‘. Mehr leiblich, weiter weg vom Gefühl, liegt die Leibeswahrnehmung, ihre *Qualität*: das sind auch Gedanken: Ich fühle mich müde, krank, fit, stark. Gedanken dieser Art sind in Wirklichkeit Bewusstwerdungen, die man dann in seinen Gedanken in Worte fasst. Dadurch *weiß* man, dass man müde, fit, traurig oder glücklich ist.

Eine zweite Art von Gedanken sind die Erinnerungen. In unserem Computer-Zeitalter kennen wir das ‚Gedächtnis‘ als etwas Technisches. Aber die menschlichen Erinnerungsgedanken sind doch sehr viel rätselhafter. Zuerst einmal sind sie absolut nicht übertragbar. Man kann sie nicht auf eine CD brennen und in einem anderen Organismus abspielen. Man kann sie höchstens ‚teilen‘, besprechen, aber sie bleiben vollkommen persönlich, eigen. Selbst wenn man mit jemandem zusammen exakt dasselbe erlebt hat, unterscheiden sich die Erinnerungen dennoch – jedenfalls, was ihre Qualität, ihre Art, ihr Gefühlserleben betrifft.
Um sich an etwas zu erinnern, braucht man keine Anleitung, wie man die ‚Tatsachen aufruft‘. Sie sitzen ‚ir-

gendwo', und insoweit man die Dinge und Ereignisse nicht vergessen hat, kann man sie absolut aufspüren und ‚heraufholen'. Es sind Gedanken in Bildern, die einen viel geringeren Farbenreichtum haben als die ursprünglichen Ereignisse, die aber trotzdem ziemlich exakt sein können. Man hole jetzt in diesem Moment einmal eine Erinnerung aus seiner Kindheit herauf ... aus der Grundschulzeit ... aus der Oberstufe. Man steckt nicht mehr ganz *darin*, man stellt es sich vor, es ist etwas objektiver geworden. Aber es ist einem ganz *eigen*. Wenn man seiner oder seinem Geliebten etwas von seinen Lebenserfahrungen erzählt, dann erzählt man aus der Erinnerung, die man dann in Worte hüllt. Offenbar hat man das alles bei sich und kann daraus schöpfen. Aber es kann einen auch *überkommen*. Erinnerungen kommen auch von selbst auf, sie sind ein zweiter wichtiger Bestandteil des eigenen Gedankenlebens.

Eine dritte Art von Gedanken ist eine Mischung der ersten beiden. Sie treten als Gefühlserinnerungen auf, direkt nach einer Begegnung oder einem Schicksalserlebnis. Die ‚Nachgefühle' werden anhand der Erinnerung an das, was soeben geschah, zu Gedanken. Solche Gedanken können sehr beherrschend sein, zwingend. Man führt innere Gespräche und sagt, was man eigentlich hätte sagen wollen oder müssen. Man sagt, was man in Kürze sagen wird, wie man reagieren wird und so weiter. Es scheint, dass man diesen Gedankenlauf braucht, um das Schicksalsereignis zu ertragen und zu verarbeiten. Frei ist man keineswegs, denn die Gefühlsgedanken zwingen einen. Es dauert einige Zeit, die Dauer unterscheidet sich je nach Geschehen, aber auch je nach Person. Etwas klingt nach, und dann verschwindet es wieder.

Dann gibt es eine vierte Art von Gedanken: Willensgedanken, Vorsätze, Pläne. Diese hängen natürlich mit den verschiedenen Arten des Willens (Instinkt etc.) zusammen, und sie können ebenso sehr zwingend sein, bis hin zu einem echten Getriebensein in Gedanken – die immer wieder aufkommen. Bei motivierten Plänen ist es ruhiger, da verlaufen die Gedanken mehr in der Motivation. Es können auch Pflichtgedanken sein: Was muss ich heute alles machen? Oder Geselligkeitsgedanken: Gleich gehe ich mit meinen Freunden essen. Oder es sind langfristige Termingedanken: Wenn ich mein Studium fertig habe, werde ich im Berufsleben stehen. Diese Form von Gedanken kommt ebenfalls meistens wie von selbst in einem auf. Man beginnt, an etwas zu denken, und die Gedanken spinnen sich fort, einer an den anderen.

Die Gesamtheit dieser vier Gedankenarten ist das assoziative Gedankenleben. Assoziation heißt, dass der eine Gedanke sich zum anderen fügt oder aus dem vorigen hervorgeht, mehr oder weniger *von selbst*. Gefühls- und Erinnerungsgedanken, Willensgedanken, sie wallen im Bewusstsein herauf und begleiten einen den ganzen Tag. Auch wenn man beschäftigt ist, kommen sie weiterhin. Von Freiheit kann keine Rede sein.

Aber es gibt noch eine fünfte Art von Denken, wo der Nachdruck mehr auf dem Denken als auf dem Gedanken liegt.
Dies ist das disziplinierte Denken. Dieses übt man schon seit der Grundschule. Schon da musste man lernen, etwas sehr Bestimmtes zu denken, da, in diesem Moment. Man konnte zwar wegträumen, aber dann musste man es später doch ‚aufholen‘, sonst blieb man hinter den anderen zurück. In der Klasse konnte man noch auf dem Strom mitschwimmen, der da war, aber wenn man Hausarbeiten hatte, musste man doch lernen, sich zu konzentrieren. Aufgaben rechnen oder Vokabeln lernen. In dem Maße, in

dem man in die höheren Klassen kam, musste man immer mehr ‚vorgeschriebene' Gedanken denken. Es scheint so, als sei man da seiner Freiheit beraubt worden. Man konnte nicht einmal mehr denken, was man wollte, man musste denken, was der Lehrer wollte. Konnte dieser das Interesse wecken, dann wollte man selbst mitdenken. In anderen Fällen war es Denk-Pflicht.

Es gibt etwas in einem, was dem heftig widerstrebt. Darum lernen so viele Jungen und Mädchen in den höheren Klassen so schlecht. Sie haben keine Lust. Sie wollen fühlen und wollen, das Denken darf darin mitgehen. Aber sie wollen keine Denk-Pflicht. Keine Aufgabe, dies oder das zu bedenken, nachzuschlagen, auswendig zu lernen.
Vielleicht konnte man sich noch dazu bringen, um acht oder halb neun in der Klasse zu sitzen, es musste vielleicht einfach sein. Aber war man dann einmal in der Klasse, wollte man sich nicht anstrengen, um etwas zu denken, was einen nicht interessierte. Man beginnt, etwas zu zeichnen, zu quatschen, sich zu langweilen – aber auf keinen Fall der Pflicht zu denken nachgeben, d.h. *lernen*.

Liegt da dann Freiheit? Im *Nicht*-Mitmachen bei der Denkpflicht? Einfach sagen: Ich mache es nicht, lass ihn nur reden, lass die anderen machen, es interessiert mich nicht...? Freiheit wäre dann ein negatives Etwas, ein *Nicht*-Wollen. Man steigt aus. Ist man dann frei? Darüber muss man einmal nachdenken. Ist Aussteigen *Freiheit*? Woher kommt das: keine Lust, kein Interesse, Antipathie? Es sind doch wieder Gefühle, die einen leiten, und wir hatten bereits gesehen, dass man damit verwachsen ist, dass man davon überhaupt nicht loskommt.

Es gibt auch Schüler, die überhaupt keine Mühe damit haben, zu lernen, sich anzustrengen, der Denk-Pflicht zu folgen. Bei ihnen geht es mehr oder weniger von selbst. Sie passen leicht auf, fügen sich leicht allem, was sein muss. Auch wenn das Interesse nicht groß ist, ist doch ausreichend Aufmerksamkeit da, um es ‚im Vorübergehen' genügend aufzunehmen. Die guten Schulleistungen stimulieren dann wiederum, so weiterzumachen oder es noch besser zu machen. Man verbindet sich mit der Schule, man tut, was man tun muss. Das Denken nimmt leicht auf, was geboten wird. Ist das *Freiheit*?

DENKEN DES GEFÜHLS

Wenn man sich in einer Zeit von großem Stress und Rück-
schlägen befindet, wenn man unter negativen Gefühlen
leidet, unter Unlust, Depression, Mutlosigkeit, Kummer,
dann hat man sein Gedankenleben, um einige Ruhe hinein-
zubringen. Man kann seine Gefühle – eventuell mit Hilfe
eines Psychologen – rationalisieren, wodurch das Problem
etwas an Schärfe verliert, weil man einiges Verständnis für
sich selbst entwickelt. Man ist der Macht der Gefühle nicht
mehr nur ausgeliefert, sondern man kann darüber nachdenken. Wenn man dies tut – man kann es *jetzt* probieren
–, dann bemerkt man, dass man einen Abstand zwischen
diesem heftigen persönlichen Gefühl und einem anderen
Teil von sich schafft: seinem Denkvermögen. Es ist merk-
würdig, aber man kann wirklich gewahrwerden, dass man
dadurch, dass man denkt, einen objektiven Standpunkt
hinsichtlich der eigenen Gefühle einnimmt. Zuvor lern-
ten wir das Gedankenleben als bewusst gewordene Gefühle
kennen. Nun drehen wir es in gewissem Sinne um und
verwandeln das Gefühl durch Gedanken.

Wenn man von Traurigkeit überfallen wird, einfach so,
aus dem Nichts, dann kann man mit Hilfe seines Denkens
nach dem Moment suchen, in dem diese Gefühle ‚über' einen gekommen sind. Man muss seine Gedanken zwar ver-
schärfen, genau suchen, aber man wird fast immer exakt
den Moment finden können, in dem die eigene Stimmung
umschlug. Und wenn man sich dann mit seinem Denk-

vermögen gleichsam in seiner Erinnerung bei diesem Moment ‚umschaut', wird man zumeist den Anlass finden. Oft sind es wirkliche Kleinigkeiten, die durch Gefühlsassoziationen eine Stimmungsänderung verursachen. Man fing zum Beispiel den Blick seiner schönen Schwester auf, die einen äußerlich beurteilte. Sie sagte überhaupt nichts, man liebt einander, man ist Freundinnen füreinander – aber ihr Blick rief sämtliche Frustrationen über den *eigenen* Mangel an Schönheit herauf. Es kann sogar auf überhaupt nichts beruhen: Es ist sehr gut möglich, dass man ihren Blick verkehrt interpretiert hat. Aber das spielt keine Rolle, es hat so gewirkt. Und man wird sehen: In dem Moment, in dem man aufgespürt hat, dass der Stimmungsumschlag *dadurch* kam – ist er weg, verweht, verflogen.

Das ist kein *Rationalisieren* des Gefühls, sondern ein *Bedenken*. Es bringt nicht nur Ruhe in das Gefühl, es *heilt* das gewöhnliche Selbstgefühl. Die kleinste Kleinigkeit kann so wirken, eine vorübergehende Szene in einer Fernsehserie, eine Reklame, ein Wort in einer E-Mail. Findet man das ‚Agens', den Übeltäter, dann ist man von der Wirkung befreit.

Es ist sehr gut denkbar, dass auch für eine solche Aktion eine physische Grundlage existiert; damit wird die Naturwissenschaft immer kommen, wenn man vorbringen wollte, dass hier vielleicht die Freiheit beginnt. Vielleicht gibt es ein physisches Organ, das mit dem Bedenken von Gefühlen zusammenhängt. Wie zuvor schon immer gesagt, lassen wir dies hier außerhalb der Betrachtung. Es geht im Leben schließlich darum, wie man die Qualität dessen *erlebt*, wie man den Sinn dessen *erlebt* – dafür braucht man keine Wissenschaft.

Wir lassen unsere Untersuchungen noch einmal aktiv (wir *führen sie aus*) vor unserer Selbsterkenntnis auftreten:

Leibes-ich-bin = Bewusstsein des Ich
Leibesberührung = Selbstbewusstsein des Ich
Spiegelbild = Wirkungslose Ich-Wahrnehmung als Bild
Bewegungsimpuls
- Instinkt
- Neigung
- Begierde / Lust
- Motivation

Fühlen des Gefühls = Persönlichkeit, Gefühls-Ich
Denken
- ich habe keine Lust
- ich muss
- ich suche die Ursache meiner Stimmungen

Finden wir in diesem letzten etwas von Freiheit?

In keiner der Erfahrungen haben wir Freiheit finden können, außer möglicherweise irgendwie in der letzteren. Es ist wohl deutlich, dass man sehr gut weiterleben kann, ohne je nach dem Ursprung seiner Stimmungen zu suchen. In seinen Stimmungen ist man sicher nicht frei, sie überkommen einen. Aber man kann es dabei belassen und etwas trinken gehen, kiffen, eine Pille nehmen – oder einfach jemanden besuchen und warten, bis es wieder besser geht. Man kann auch kurz verweilen und nach dem Beginn seiner Stimmung suchen. Dieses Suchen, mit der Suche beginnen, könnte ein Freiheitsmoment sein. Aber es bleibt zweifelhaft. Man erlebt doch vor allem wieder eine Notwendigkeit, etwas gegen seine Stimmung zu tun...

DENKEN DER FREIHEIT

Wir haben das Gedankenleben als eine Quelle gefunden, aus der heraus etwas Ruhe in das übrige turbulente Leben gebracht werden kann. Man kann mit dem Denken beruhigend auf sich selbst einwirken, vorausgesetzt, man versteht es umzukehren: Man denkt nicht seine Gefühle, sondern man beruhigt seine Gefühle, indem man sie bedenkt oder ihren Ursprung aufspürt.

Im Übrigen war das Lernen-Müssen, das Im-Denken-aktiv-sein-Müssen, doch etwas, was mehr Pflicht als Freiheit ist. Bis jetzt haben wir uns selbst betrachtet und keine absolute Freiheit gefunden. Wir sind von den Tatsachen ausgegangen und haben versucht, diese zu erleben – und haben keine Freiheit erleben können.

Nun kehren wir auch dies um. Wir gehen nicht von tatsächlichen Erfahrungen aus und bezeichnen oder deuten diese als unfrei, sondern wir *denken über die Freiheit*. So, wie wir unsere Gefühle bedenken oder ihren Ursprung aufspüren können. Wir bringen dann *Denken in das Gefühl* (statt Gefühl in das Denken). In derselben Weise können wir auch hier eine Umkehrung suchen und die Freiheit nicht erfahren wollen, sondern sie *denken*.
Dann muss man also alle Voraussetzungen aufsuchen, durch die man sich selbst *frei* nennen könnte.

Indem wir eine ganze Reihe von Erfahrungen der *Un-*

freiheit gewonnen haben, haben wir zugleich die Freiheit faktisch schon gedacht.

Der Leib ist für den Menschen nicht zu durchschauen, auch wenn man ihn bis zu einem gewissen Maße kennen kann (Medizin, Menschenkunde). Alles Denken, Fühlen und Wollen, das aus dem Leib kommen kann, kann darum nicht frei sein, weil man nicht *weiß*, woher die Impulse kommen.

Echte Freiheit könnte nur existieren, wenn man die Herkunft eines Impulses völlig durchschauen könnte, mit *Sicherheit*.

Die andere Seite der Freiheit wäre: dass man eine absolut durchschaute Sicherheit hat, dass ein Impuls allein aus einem selbst kommt. Er beruht dann also *nicht* auf Leibesprozessen, aber auch *nicht* auf einem unbewussten Einfluss z.B. einer Welt von Engeln, Dämonen oder Verstorbenen. Vielleicht hält man das alles für Unsinn, aber wir berücksichtigen hier alles. Wenn ‚Gott‘ mich impulsiert, bin ich ebensowenig frei, wie wenn mein Leib das tut.

Auch die Umgebung darf kein Impulsgeber sein, wenn ich frei sein will. Eltern, Brüder, Schwestern, Freunde, Lehrer, Reklame, öffentliche Meinung, Trend ... und so weiter, sie alle haben keinen Platz in der Freiheit.

Was man über seinen Leib aufnimmt (Alkohol, Tabak, Gras, Kokain usw.), beeinflusst einen, man ist nicht frei.

Was man über die Sinne aufnimmt (Natur, Virtual Reality, Film, Vorlesung, Gottesdienst, Partei, Musik), beeinflusst einen, man ist nicht frei.

Was der Arzt sagt, der Psychologe, der Priester, der Guru, der Aurenleser, der Homöopath usw., hat mit der Freiheit nichts zu tun, solange diese einen nicht zur Freiheit führen.

Die Freiheit findet man nur, wenn man ein Gebiet in sich selbst findet, in dem man nicht durch obenstehende Faktoren beeinflusst wird, wo man sicher ist, dass man mit sich selbst allein ist, und wo man trotzdem Impulse finden kann.

Bisher haben wir ein solches Gebiet *nicht* gefunden. Bedingungen dafür sind also die folgenden:

- Man muss in einem Gebiet sein, wo man ganz *wach* ist, wo es nicht unbemerkt doch zwingende Gedanken, Gefühle oder Handlungen gibt. Man muss also genau herausfinden können, woher eventuelle Bewusstseinsinhalte kommen. Außerdem muss man *klar* bewusst sein.
- Es muss zugleich ein Gebiet sein, wo man zur *Tat* übergehen kann. Freiheit ohne Bewegungsmöglichkeit hat wenig Sinn.
- Man muss sicher wissen können, dass die eigenen Entscheidungen durch nichts und niemanden *beeinflusst* werden.
- Man muss insbesondere sicher wissen, dass nichts aus dem Leib und all den im Vorhergehenden beschriebenen unfreien Prozessen unbewusst mit hineinspielt.

Das Wachsein

Wenn man schlafen gehen will, legt man sich hin, man lässt seinen Gedanken freien Lauf, man verschließt sich so viel wie möglich vor Sinneseindrücken: Licht aus, Musik aus, Gardinen zu und so weiter.

Wenn man dann wach wird, sind es die Sinne, die einen wecken. Licht, Lärm, Berührung... Tagsüber bleibt man dank der Wahrnehmung mit Augen, Ohren, Geschmackssinn, Geruchssinn usw. wach.

Daneben weiß man, was man denkt, man ist in seinem

Denken wach. Man kann im Denken natürlich auch träumen, dann knüpft das eine sich an das andere an, und man ist nur halb dabei. In diesem träumenden Assoziieren kann man also niemals frei sein. Aber in den Sinneswahrnehmungen ebenso wenig, auch wenn man noch so wach ist. Wir haben schließlich gesehen, dass man dadurch unbemerkt in Stimmungen gerät? Außerdem reagiert der Leib auf alle Eindrücke, und man hat keine Ahnung, was das mit einem macht.

Die Schlussfolgerung ist: *Wenn* Freiheit besteht, dann muss diese in einem Gebiet gesucht werden, in dem die Sinne schweigen und in dem man aus dem assoziativen Denken heraustritt, wie wenn man von einer Art Traum in ein Wachsein tritt.

Man könnte einmal versuchen, seine Träumerei zu unterbrechen, indem man sich fragt: Wie bin ich auf diesen Gedanken gekommen? Wie ist dieser heutige Gedanke aus dem vorherigen hervorgegangen, und dieser wieder aus dem vorherigen? Die Art des Denkens ändert sich dann merklich, denn dieses suchende Denken ist so wach, wie es nur geht, und es sucht im Verlauf des träumenden Denkens.

Man kann versuchen, zu ‚fühlen‘, wie verschieden das träumende Denken von dem untersuchenden Denken ist. Man gebraucht hier auch nicht mehr seine Sinne, denn man sucht nach dem Verlauf der Gedanken, man schaut nicht mit seinen Augen, hört nicht mit seinen Ohren...

Die Tat

Um die Freiheit zu finden, muss man alle äußeren Bewegungen einmal unterlassen. Wenn man die Freiheit einmal gefunden hat, kann man aus Freiheit alles tun – vielleicht. Aber um sie zu finden, muss man sich doch kurz einmal in Ruhe besinnen. Man hat seine Sinneseindrücke kurz vergessen, weil man seinen Gedankenverlauf zu finden versucht. Man ist dennoch wirklich aktiv geworden. Erst träumte man nur, nun geht man ganz bewusst vor. Es führt vielleicht zu nichts, man gerät erneut in Träumerei – aber *für kurze Zeit* war man aktiv.

Freie Wahl

Man kann nicht sagen, dass diese Untersuchung des eigenen Gedankenlebens auf freier Wahl beruht. Man hat es in diesem Büchlein gelesen. Und wenn man es ein zweites, drittes, viertes Mal tut, ist es noch immer ein nicht ganz durchschauter Impuls. Vielleicht gibt es doch irgendwo im Leib oder in der Umgebung eine treibende Kraft, die man nicht kennen kann. Freie Wahl hat man erst, wenn die Dinge und Tatsachen, aus denen man wählen kann, *selbst keine* Wirkung haben. Wenn von dem, woraus man wählt, kein Zwang ausgeht.

Man denke einmal an sein Spiegelbild zurück. Man selbst bestimmt die Stellung seines Spiegelbildes. Das Spiegelbild kann aus sich heraus nichts verändern, es geht nichts von ihm aus. Man kann es zwar schön oder hässlich finden, aber das ist die Wirkung von einem selbst auf einen selbst. Man ist hinsichtlich seines Spiegelbildes vollkommen frei. Stellt man sich anders hin, dann steht auch das Spiegelbild anders. Zieht man eine Grimasse, dann tut das Spiegelbild das auch. Alle Wirkung kommt von einem selbst, das Spiegelbild macht nichts, *kann* nichts machen. Alle Wirksamkeit liegt in einem selbst, dessen kann man sich absolut sicher sein.

Wenn man die Freiheit finden will, müsste man also in einer solchen Situation sein können: Alles, was da ist, ist das eigene Werk. Der Rest ist wirkungslos, nur *Resultat* der eigenen Wirkung: es ist nur *Bild, Schein*.

Man sieht sein Spiegelbild und man sieht ein Mädchen, das zu dick geworden ist. Es ist nicht das Spiegelbild, das einen nun traurig macht. Das Bild ist wirkungslos. Man ist es selbst, die nun dank dieses Bildes sagt: Ich werde zehn Kilo abnehmen. Nicht das Bild gibt einem das ein, sondern die eigene Gestalt, die einem da als Bild gegenübersteht. Man kann an diesem Bild nur etwas verändern, wenn man sich selbst verändert. Das Bild kann nichts tun, es lässt einen frei. Es ist sehr wichtig, darüber einmal genau nachzudenken. Bilder zwingen nicht. Wohl, wenn sie sinnlich verstärkt werden, wie im Kino. Dann ist es eine Macht von außen, die über die Sinne unbewusst auf einen einwirkt. Aber auch da sind es nicht die Bilder selbst. Der Schauspieler der Hauptrolle bleibt ein Bild, bleibt Schein, auch wenn der Schein noch so wirklich gemacht wird.

Das eigene Spiegelbild hat nichts an Wirkungen aus dem Leib oder den Sinnen oder dem Unbewussten, es ist nur Bild. Es ist tatsächlich die einzige Beziehung, die man hat, die einen nicht zwingen kann – *man selbst* zwingt. Das ist etwas, über das es sich einmal sehr genau nachzudenken lohnt.

Frei vom eigenen Leib und allen anderen möglichen Faktoren

Wir müssen ein Gebiet suchen, zu dem man sich genau so verhält wie zu seinem äußeren Spiegelbild.
Während man sein Spiegelbild anschaut, ist man natürlich überhaupt nicht frei von seinem Leib und allen anderen möglichen Faktoren.
Aber das Spiegelbild ist das sehr wohl. Es bildet einen ganz ab, aber es hat selbst keinen Willen, kein Gefühl, keinen Gedanken. Es kann nie einen Einfluss auf einen ausüben. Es kann sich wohl bewegen, aber nicht aus sich

selbst, es kann nur die Bewegungen von einem spiegeln.

Das alles wird jetzt vielleicht langweilig. Aber wir wollen doch noch einmal zusammenfassen, was wir gefunden haben. Es ist sehr gut, sich dies regelmäßig klarzumachen und noch einmal wirklich zu *tun*.

- Der Leib lässt mich wissen, dass *ich bin*.
- Dieses Wissen wird verstärkt, wenn ich zum Beispiel mit meiner rechten Hand meine linke Hand berühre.
- Mein Spiegelbild gibt mir ebenfalls ein Bewusstsein, dass ich da bin, aber es ist ohne Wirkung, es vermag nichts. Ich kann nur selbst etwas daran verändern.
- Ich kann in Bewegung kommen, und es gibt auch zahllose unbewusste Bewegungen in mir. Es gibt einen Instinkt, ich habe einen Charakter, ich habe allerlei Begierden, und ich tue Dinge auch bewusst motiviert.
- Ich kann meine Gefühle fühlen. In meinem Gefühl habe ich auch ein ich-bin, weniger leiblich, mehr psychisch. Hier leben auch meine eher bleibenden Stimmungen. Ich fühle mich damit verwachsen, sie sind bestimmend für den Wert meines Lebens.
Ich kann sie objektivieren. Ich kann sie rationalisieren, ich kann auch darüber nachdenken und versuchen, ihren Ursprung zu finden.
- Es gibt eine Lernpflicht und damit auch eine Denkpflicht. Ich kann aussteigen oder mitmachen.
- Ich kann meine Gefühle bedenken.
- Ich kann meine Handlungen bedenken, vorab oder hinterher.
- Bis hier konnte ich keine Freiheit spüren.
- Trotzdem kann ich versuchen, die Bedingungen zu formulieren, denen echte Freiheit genügen müsste.

In dem Obenstehenden gibt es überall bewusste oder unbewusste Wirkungen – außer im Spiegelbild.

Wenn man in seinem Leben das *tun will, was man selbst will*, dann ist man in jedem Fall auf der Suche nach der Freiheit. Dann müsste man dies alles sehr spannend finden. Gibt es Freiheit? Oder ist man als Mensch eine Marionette, die genau das tut, was die Schnüre einem auferlegen? Und wer bedient diese Schnüre dann? Ist es der physische Leib, der gemäß der genetischen Information funktioniert? Dann ist das Leben vollständig vorgezeichnet, und man führt aus, was in den Genen liegt. Warum dann trotzdem dieser Widerstand gegen alles Mögliche?

DAS WISSEN

Nun müssen wir dieses Gedankenleben noch einmal genauer betrachten. Fast alle Gedanken beruhen auf Erinnerungen und auf Gefühlen. Außer wenn man lernen muss. Wenn man etwas auswendig lernen muss, ist man damit beschäftigt, sein Gedächtnis zu bearbeiten; die Richtung ist umgekehrt zu den Erinnerungsgedanken, die aufkommen oder heraufgeholt werden. Man muss versuchen, sich bestimmte Inhalte ‚einzuprägen‘, damit man sie danach ‚weiß‘. Dabei muss man viel wacher sein und sich mit diesem Inhalt viel mehr Mühe geben, als man es gewöhnlich im Denken tut. Das ist das Langweilige daran, dass man seine Faulheit überwinden muss und nicht *ein* Mal etwas lesen darf – was man vielleicht auch schon langweilig findet –, sondern mehrere Male, bis man es in sich selbst wiederholen kann.

Es ist dann kein ‚Raum‘ für Erinnerungen und Gefühlsgedanken übrig, diese stören einen beim Lernen. Man übertönt sie durch sein aktives Denken. Es ist vielleicht langweilig, aber trotzdem fühlt man sich danach oft doch auch wieder besser. Es bringt Ordnung in das Denken, dieses intensive Lernen.

Eine zweite Form von Lernen beruht nicht so sehr auf dem Einprägen. Hier geht es um das Begreifen, oder um das Entdecken von Systematik. Dafür muss man sich auch Mühe geben, man muss ein Stück vielleicht ebenfalls mehrere Male lesen, aber nicht, um es nacherzählen zu können, sondern um es zu erfassen, zu begreifen, zu durchschauen. *Hat* man es einmal durchschaut, dann *weiß* man es auch. Dieses Begreifen hat etwas Befriedigendes, man empfindet sein Begriffsvermögen, und das ist angenehm. Man hat sich etwas ,zueigen' gemacht, dies gibt einem ein Gefühl, in Entwicklung zu sein.

Man denke nun einmal an etwas, was man gerade gelernt hat. Wenn man kein Studium macht, wird man vielleicht etwas mehr suchen müssen, aber man hat ganz sicher in den vergangenen Wochen etwas gelernt. Wenn nicht, dann denke man einfach an die Schulzeit zurück, an was auch immer.

Oder man denkt an alles, was man über die Fußball-EM oder -WM oder auch über bestimmte Computerprogramme weiß.

Man denke einmal etwas, was man *weiß*. Man holt dies aus dem Gedächtnis, und man denkt es einfach einmal weiter.

Wahrscheinlich erzählt man sich dabei innerlich, was man weiß. Aber man hört nichts mit seinen Ohren, sieht nichts mit seinen Augen – und doch hat man etwas in seinem Bewusstsein, nämlich seine Kenntnisse, sein Wissen.

In dem Moment, wo man ,von innen' reproduziert, was man weiß, ist man derjenige, der denkt, aber die Gedanken, derer man sich durch das Denken bewusst wird, sind in sich selbst eigentlich überhaupt nichts. Das Computerprogramm, über das man nachdenkt, besteht in diesem Moment in Gedanken, man kann damit nicht arbeiten, man *denkt* es nur.

Wo auch immer sie herkommen – abgesehen von der eigenen Denktätigkeit –, sie sind Schein, diese Gedanken. Gefühls- und Willensgedanken haben noch etwas von

‚Dichte' einer Wirkung, weil sie die Wirkung der ganzen Skala der Impulse und Stimmungen ins Bewusstsein bringen. Es sind eigentlich keine reinen Gedanken. Mit ‚rein' meine ich hier: nur das, nichts anderes. Nur Denken, nichts anderes als Denken.

‚Wissens-Gedanken' enthalten diese Gefühle und Impulse *nicht* mehr, sie sind nur Denkinhalt, und dieser Inhalt hat selbst keine Wirkung mehr. Der Computer kann sein Programm nicht in unserem Denken ausführen, außer insoweit, als man es ‚nach-denken' kann. Was das Denken tut, kommt von uns, es selbst kann überhaupt nichts. Wenn man etwas nicht mehr weiß, stoppt es – und man fällt wieder in sein assoziatives Denken zurück. Dieses Letztere ist auch Schein, auch nur Bild, aber es bewegt sich in einem, als ob das eigene Spiegelbild sich zu bewegen beginnt. Es ist also kein Spiegelbild. Unser ‚Wissens-Denken' ist dies sehr wohl. Man bewegt es, und der Inhalt ist ein reines Spiegelbild des eigenen Bewegens.

Das Wissens-Denken ist also vollkommen wirkungslos, nur Bild, Wortbild zumeist – innerliches Sprechen.

Aber dieses ‚Selbst' ist noch immer der dubiose Teil. Denn worauf beruht das, was man denkt? Das ist noch immer völlig unklar. Auch wenn man mit ‚Wissen und Begreifen' schon in ein sehr viel klareres Gewässer gekommen ist: durchsichtig ist es noch immer nicht. Es kann sehr gut sein, dass all das eigene Wissen mit der Fracht des persönlich-leiblichen Daseins und mit allem, was dazugehört, vermischt ist. Die Denk-Gedanken (Wissens- und Verstehens-Gedanken) sind zwar ein reines, wirkungsloses Gebiet, aber *man selbst* bildet vielleicht noch immer nur seine Leibesprozesse, seine Erziehung usw. ab.
Vielleicht hat man nun sehr wohl zusammen mit mir die Schlussfolgerung ziehen können, dass nichts in der ganzen

menschlichen Konstitution wirkungslos ist, außer die Gedanken der Fakten und Begriffe.

Man hat also in sich selbst etwas mit Spiegelbildcharakter gefunden. Aber was es spiegelt, ist das *eigene* Denken – und das kann noch voller unbewusster Wirkungen sein.

Können wir in uns selbst als *Denker* vielleicht auch noch ein genau umschriebenes Gebiet finden, wo nichts Unbewusstes wirken *kann* und doch der Denker selbst wirksam ist?

DER INHALTSREICHE SPIEGEL

Keine Gedanken über den eigenen Willen oder die eigenen Wünsche; keine Gedanken über Gefühle und Stimmungen; keine Gedanken über die Lebensereignisse; kein *Wissen*; kein Begreifen von Lerninhalten; keine Meinung, kein Urteil, keine Kritik gehören zur Freiheit. Mit all diesen Denkinhalten stecken wir in dem Gebiet der bewussten *und* unbewussten Wirkungen. *Gibt* es ein Denkgebiet, wo das alles schweigt?

Es gibt Meditationstechniken, um dies alles zum Schweigen zu bringen. Im Zen-Buddhismus finden wir einen genau beschriebenen Weg, um die ganze Wirkung des Denkens in eine Metamorphose zu bringen, wodurch es nicht mehr diese unbewussten Gewohnheiten aufweist. Aber damit ist keineswegs die übrige Unbewusstheit abgeschafft. Mit dem Zum-Schweigen-Bringen des rationalen Denkens verschwindet auch der Spiegel. Der Spiegel wird leer, es wird nichts mehr abgebildet. Was an inneren bewussten Handlungen übrig bleibt, reicht nicht bis zum Spiegel. Das kann großartig sein, aber Freiheit kann das Unbewusste niemals bringen. Dies erscheint wie eine bloße *Behauptung*, aber das ist es nicht. Die Aussage beruht auf dem Erleben eines Praktizierens von Zen in Zusammenhang mit dem Erleben des Denkens als Wissen und Begreifen, also des rationalen westlichen Denkens.

So gibt es auch amerikanische Schulen, wo man nach

demselben Ziel strebt, jedoch auf einem anderen Weg.[5] Hier wird systematisch, Schritt für Schritt, das umfassende Gewohnheitsleben im rationalen Denken zu einem Vermögen umgeformt, die Wunder des Lebens wiederzufinden. Das ist ein großartiges Streben, aber auch hier wird nicht genügend mit dem umfassenden *Un*bewussten gerechnet, das dann zu sprechen beginnt. Gerade *das* Element, in dem *keine* Wirkung war: der Spiegel, wird zu nichts reduziert.

In diesem Büchlein sind wir auf der Suche nach Freiheit. Nicht auf einem spirituellen Weg, sondern auf einem philosophischen Weg. Vielleicht finden wir einst ebenfalls Wunder, vielleicht finden wir Gott selbst ... aber wir lassen das alles völlig außerhalb der Betrachtung. Es kann ebensogut sein, dass wir nur Materie und ihre Wirkung finden und überhaupt keine Freiheit und ganz und gar keine Wunder oder Gott.

Wir hatten im Gedankenleben den Punkt des inhaltlichen Spiegels erreicht, inhaltsreich, aber ohne Wirkung. Die Wirkung verursachen allein wir selbst.

Die Frage war: Gibt es in diesem Selbst-Denken ein Gebiet, wo alles, was wir zu Beginn dieses Kapitels aufgezählt haben, fehlt und wo wir *dennoch denken können*?

Wir wollen einmal ein Beispiel für ein Denken nehmen, eines aus dem Altertum.

Wir gehen zurück zu Plato (428-348 v.Chr.), der seine Philosophie vor allem in Dialogen wiedergeben hat, welche sich stets in Athen abspielten. Es sind Gespräche zwischen Sokrates (dem Lehrer von Plato) und seinen Schülern, aber auch mit der Jugend und mit den Athenern.

Plato hatte die Überzeugung, dass jeder Mensch eine

---

[5] A course in Miracles / Ein Kurs in Wundern.

70

Welt von Gedanken mit auf die Erde bringt, eine allgemeine Gedankenwelt, die Ideenwelt. In dieser Gedankenwelt *weiß* der Mensch faktisch alles, aber es bleibt unbewusst, bis er zu *lernen* beginnt. Lernen im platonischen Sinne ist ganz und gar nicht das Aufnehmen von etwas Neuem, sondern das Bewusstwerden von etwas, das schlummert. In dieser Ideenwelt sind alle Menschen einig, weil es die ‚Urgedanken‘ sind, die für alle Menschen gelten. Das persönliche Schicksal bestimmt, wie viel davon einem bewusst wird. In der Anlage ist die Ideenwelt in jedem Menschen anwesend.

Ideen im platonischen Sinne haben keinen Inhalt aus den Sinnen, sie sind allgemeine Gedanken, die jeweils für alle dazugehörigen Sinneseindrücke gelten. Sie haben auch nichts mit Gefühlen oder Stimmungen zu tun, sie stehen ganz ‚darüber‘.

Die Anlage, die Erziehung, die Umwelt, die Lebensumstände sind ausschließlich dafür bestimmend, welcher Teil und wie viel gelernt wird, nicht für die Bedeutung und den Inhalt der Gedanken. Begierden und Charakter, auch Wünsche, können die Ideen *nicht* beeinflussen, man kann sie nicht anders denken, als sie sind.

Wohl könnte es noch sein, dass der menschliche *Leib* die Vorratskammer für das Ideenpotential ist. So sah Plato es absolut nicht, in seiner Sicht brachte der Mensch die Ideenwelt aus dem ‚Vorgeburtlichen‘ mit. Er betrachtete den Menschen als bereits vor der Empfängnis bestehend und in einer Welt von Weisheit lebend.

Aber auch wenn der *Leib* der Produzent dieser allgemein menschlichen Ideen wäre, können wir mit diesem Vermögen wohl etwas für unser Verständnis der Freiheit erreichen.

In dem Dialog, der im Folgenden teilweise abgedruckt ist,

führt Sokrates mit dem Athener Menon (Μενων) ein Gespräch über die Frage, ob der Mensch ‚die Tugend' lernen kann, indem ein Anderer ihn darin unterweist. Allmählich kommt das Gespräch auf das Phänomen des Lernens. Sokrates will etwas demonstrieren und tut dies mit einem Jungen, der keine mathematischen Vorkenntnisse hat, offenbar aber ein wenig rechnen kann.[6]

Sokrates: Nun, leicht ist es zwar nicht, doch ich will dir zuliebe mir alle Mühe geben. Rufe mir einmal von den vielen Leuten da in deinem Gefolge einen, welchen du willst, herbei, damit ich es dir an ihm beweise!
Menon: Sehr gern! – Du dort, komm herbei!
Sokrates: Ist er ein Hellene und spricht er hellenisch?
Menon: Ganz gut; er ist im Hause auferzogen worden.
Sokrates: So gib nur recht Achtung, welches von beiden dir richtig zu sein scheint, daß er sich wieder erinnert oder daß er von mir lernt.
Menon: Ich werde Achtung geben.
Sokrates: Sag' mir doch. Junge, weißt du, was ein Viereck ist? Eine Figur wie diese?
Sklave: Ja.
Sokrates: Es ist also eine viereckige Figur, welche alle diese Seiten, deren es vier sind, gleich hat?
Sklave: Allerdings.
Sokrates: Hat sie nicht auch diese durch die Mitte gezogenen Linien gleich?
Sklave: Ja.
Sokrates: Nicht wahr, eine solche Figur könnte doch wohl auch größer oder kleiner sein?
Sklave: Allerdings.
Sokrates: Gesetzt nun, diese Seite wäre zwei Fuß lang und jene auch zwei, wieviel Fuß enthielte das Ganze? – Betrachte es einmal so: Wenn es hier zwei Fuß wären, dort aber nur ein

---

[6] Platon, www.zeno.org/Philosophie/M/Platon/Menon.

Fuß, enthielte dann nicht die Figur genau einmal zwei Fuß?

Sklave: Ja.

Sokrates: Da es nun aber auch hier zwei Fuß sind, macht es dann nicht notwendig zweimal zwei Fuß?

Sklave: Doch.

Sokrates: Also ergibt sich eine Figur von zweimal zwei Fuß?

Sklave: Ja.

Sokrates: Wieviel sind nun diese zweimal zwei Fuß? Rechne einmal und sage es!

Sklave: Vier, Sokrates.

Sokrates: Ließe sich nun nicht eine andere Figur zeichnen, welche doppelt so groß als jene und doch jener insoweit gleich wäre, daß sie, wie jene, lauter gleiche Seiten hätte?

Sklave: Ja.

Sokrates: Und wieviel Fuß wird sie haben?

Sklave: Acht.

Sokrates: Wohlan, versuche es mir nun zu sagen: wie groß wird jede Seite dieser zweiten Figur sein? Im ersten Viereck hat jede zwei Fuß; wieviel hat nun jede in diesem, das doppelt so groß ist?

Sklave: Offenbar, Sokrates, das Doppelte.

Sokrates (zu Menon): Du siehst, Menon, wie ich ihn nichts lehre, sondern alles frage? Und zwar meint er jetzt zu wissen, wie groß die Seite sei, aus der das acht Fuß haltende Viereck entstehe. Oder kommt er dir nicht so vor?

Menon: Doch.

Sokrates: Weiß er es nun auch?

Menon: Nicht doch.

Sokrates: Er meint, sie sei doppelt so groß.

Menon: Ja.

Sokrates: Schau nun, wie er sich eines ums andere wieder erinnern wird, so wie man sich erinnern muß!

(Zum Sklaven.) Du aber sage mir nun, – du behauptest, aus der doppelt so großen Linie entstehe eine doppelt so große Figur? Ich meine aber nicht eine solche, welche hier lang und dort kurz wäre, sondern sie soll auf allen Seiten gleich sein, gerade wie diese, aber noch einmal so groß wie diese, nämlich acht Fuß haltig. Sieh nun zu, ob du noch der Meinung bist, daß dieselbe aus der noch einmal so großen Seite entstehen werde?

Sklave: Doch ja.

Sokrates: Wird nun nicht diese Seite noch einmal so groß wie zuvor, wenn wir ihr eine zweite von eben solcher Länge anfügen?

Sklave: Gewiß.

Sokrates: Aus dieser also, behauptest du, werde die achtfußige Figur hervorgehen, wenn nämlich die vier Seiten gleich lang gemacht werden?

Sklave: Ja.

Sokrates: Laß uns nun von ihr aus vier gleichlange Seiten zeichnen! – Dieses also wäre die Figur, welche du genau für das acht Fuß haltende Viereck erklärst?

Sklave: Allerdings.

Sokrates: Sind nun nicht in dieser Figur vier Vierecke, von denen jedes dem vier Fuß haltenden gleich ist?

Sklave: Ja.

Sokrates: Wie groß wird es also sein? Nicht wahr, viermal so groß?

Sklave: Wie anders?

Sokrates: Ist nun das viermal so große das doppelt so große?

Sklave: Nein, beim Zeus!

Sokrates: Sondern das wievielfache?

Sklave: Das vierfache.

Sokrates: Aus der doppelt so großen Seite also, mein Junge, ergibt sich nicht ein doppelt so großes, sondern ein viermal so großes Viereck?

Sklave: Ganz richtig.

Sokrates: Denn viermal vier gibt sechzehn. Nicht wahr?

Sklave: Ja.

Sokrates: Aus welcher Linie aber entsteht nun das achtfußige Viereck? – Also nicht wahr, aus dieser da entsteht das viermal so große?

Sklave: Ich gebe es zu.

Sokrates: Aus dieser da aber, die nur halb so groß ist, das vier Fuß haltende?

Sklave: Ja.

Sokrates: Gut! Das acht Fuß haltende aber ist nun doppelt so groß wie dieses, und halb so groß wie jenes?

Sklave: Allerdings.

Sokrates: Wird es also nicht aus einer Linie entstehen, die größer ist als die da, und kleiner als die dort? Oder nicht?

Sklave: Ich denke wohl.

Sokrates: Schön! Antworte nur immer, was dir dünkt! – Und nun sage mir: War nicht diese Linie zwei Fuß lang, und diese vier?

Sklave: Ja.

Sokrates: Es muß also die Linie der achtfußigen Figur größer sein als diese zwei Fuß lange, aber kleiner als die vier Fuß lange?

Sklave: Notwendig.

Sokrates: Versuche mir nun zu sagen, wie groß du wohl meinst, daß sie sei?

Sklave: Drei Fuß.

Sokrates: Nun ja, wenn sie drei Fuß haben soll, so wollen wir noch von dieser die Hälfte hinzunehmen, so wird sie drei Fuß haben. Denn dies sind zwei Fuß und dies einer. Und von dieser Seite ebenso, dies zwei und dies einer. Und dieses wird nun die Figur sein, die du meinst.

Sklave: Ja.

Sokrates: Wird nun aber, wenn die ganze Figur hier drei und hier drei Fuß hat, wird sie da nicht dreimal drei Fuß halten?

Sklave: Offenbar.

Sokrates: Dreimal drei Fuß aber macht wieviel?

Sklave: Neun.

Sokrates: Die doppelt so große Figur aber sollte wieviel Fuß halten?

Sklave: Acht.

Sokrates: Also auch aus der dreifußigen Linie entsteht die achtfußige Figur noch nicht.

Sklave: In der Tat nicht.

Sokrates: Aus welcher denn? Versuche es uns genau zu sagen! Und wenn du es nicht in Zahlen ausdrücken willst, so deute nur hin, aus welcher!

Sklave: Aber beim Zeus, Sokrates, ich weiß es nicht.

Sokrates (zu Menon): Merkst du nicht abermals, Menon, wie weit dieser schon auf dem Wege des Wiedererinnerns gekommen ist? Zuerst wußte er zwar nicht, welches die Seite des achtfußigen Vierecks sei, wie er das auch jetzt noch nicht weiß. Aber damals glaubte er doch sie zu wissen und antwortete dreist fort als ein Wissender, ohne sich im mindesten in Verlegenheit zu sehen. Nun aber sieht er sich bereits in Verlegenheit, und wie er es nicht weiß, so bildet er sich auch nicht mehr ein, es zu wissen.

Menon: Du hast ganz recht.

Sokrates: Steht es nun nicht besser mit ihm hinsichtlich des Gegenstandes, den er nicht wußte?

Menon: Auch dieses dünkt mir.

Sokrates: Indem wir ihn also in Verlegenheit gesetzt und nach Art des Zitterrochens erzittern gemacht haben, haben wir ihm da wohl etwas geschadet?

Menon: Nicht, wie mir dünkt.

Sokrates: Wir haben ihm also wohl, wie es scheint, einen Dienst geleistet für Auffindung dessen, wie es sich verhält. Denn jetzt dürfte er auch mit Lust weiter suchen, als ein noch nicht Wissender. Vorhin aber bildete er sich ein, mit Leichtigkeit vor vielen und vielmals wohl behaupten zu können von der doppelt so großen Figur, daß sie auch eine doppelt so große Seite haben müsse.

Menon: Es scheint so.

Sokrates: Meinst du nun, er hätte es früher unternommen, das zu untersuchen oder zu lernen, was er sich einbildete zu wissen und doch nicht wußte, ehe er in Verlegenheit kam durch die Überzeugung, es nicht zu wissen, und sofort nach dem Wissen sich sehnte?

Menon: Mir dünkt nicht, Sokrates.

Sokrates: Nützte ihm also das Erzittern?

Menon: Mir dünkt ja.

Sokrates: Beachte nun, wie er von dieser Verlegenheit aus mit mir suchen und finden wird, indem ich immer nur frage und nicht lehre! Gib ja recht Achtung, ob du findest, daß ich ihn lehre und es ihm erläutere, und ob ich nicht vielmehr nur seine Ansichten erfrage!

(Zum Sklaven.) Sage mir doch, ist dies nicht unsere vierfüßige Figur? Verstehst du?

Sklave: Ja.

Sokrates: Können wir ihr nicht eine gleiche anfügen, diese da?

Sklave: Ja.

Sokrates: Und noch eine dritte hier, welche jeder von diesen beiden gleich ist?

Sklave: Ja.

Sokrates: Können wir nicht zur Vervollständigung auch noch hier in den Winkel eine zeichnen?

Sklave: Ganz wohl.

Sokrates: Werden damit nun nicht genau vier gleiche Figuren hier entstehen?

Sklave: Ja.

Sokrates: Und nun? Das Ganze da, wievielmal so groß wird es sein als diese da?

Sklave: Viermal so groß.

Sokrates: Für uns aber hätte es sollen nur zweimal so groß werden. Oder erinnerst du dich nicht?

Sklave: Allerdings.

Sokrates: Wird nun nicht diese Linie, die man von einem Winkel zum andern zieht, jedes von diesen Vierecken in zwei Hälften schneiden?

Sklave: Ja.

Sokrates: Entstehen nun nicht so diese vier gleichen Linien, welche diese Figuren da einschließen?

Sklave: Ja.

Sokrates: Und nun sieh einmal, wie groß wohl diese Figur ist?

Sklave: Ich weiß es nicht.

Sokrates: Hat nicht von diesen Vierecken, deren es vier sind, diese Linie jedesmal die Hälfte innen abgeschnitten? Oder nicht?

Sklave: Ja.

Sokrates: Wie viele solche Hälften sind nun in dieser Figur enthalten?

Sklave: Vier.

Sokrates: Wie viele aber in dieser?

Sklave: Zwei.

Sokrates: Was ist aber vier gegen zwei?

Sklave: Doppelt so groß.

Sokrates: Wie viele Fuß ergeben sich also nun für diese Figur?

Sklave: Acht Fuß.

Sokrates: Und von welcher Linie aus?

Sklave: Von dieser.

Sokrates: Also von der, welche von einem Winkel des vierfußigen Vierecks in den andern gezogen wird?

Sklave: Ja.

Sokrates: Die Gelehrten nun nennen diese Linie die Diagonale, so daß also, wenn dies die Diagonale heißt, von der Diagonale aus, wie du, Sklave des Menon, sagst, das doppelt so große Viereck sich ergeben wird.

Sklave: Allerdings, Sokrates.

Sokrates (zu Menon): Was dünkt dir nun, Menon? Hat dieser irgend eine andere Vorstellung in seinen Antworten dargelegt als seine eigene?

Menon: Nein, ganz nur seine eigene.

Sokrates: Und doch wußte er, wie wir bemerkt haben, es kurz zuvor noch nicht.

Menon: Ganz richtig.

Sokrates: Es waren also wohl diese Vorstellungen schon in ihm? Oder nicht?

Menon: Ja.

Sokrates: Also auch in dem, welcher nicht weiß, sind doch richtige Vorstellungen von dem, was er nicht weiß?

Menon: Augenscheinlich.

Sokrates: Und jetzt sind ihm wohl diese Vorstellungen wie ein Traum wieder aufgeregt worden. Und wenn ihn jemand öfters und in verschiedener Weise über dasselbe befragen würde, so glaubst du gewiß, daß er zuletzt diese Dinge nicht minder genau erkennen werde als irgend jemand.

Menon: Ohne Zweifel.

Wenn man dieses Gespräch auf sich einwirken lässt, dann entdeckt man verschiedene Dinge. Sokrates unterweist nicht, er stellt ausschließlich Fragen. Bei verkehrten Antworten, fragt er so, dass der Junge selbst seine Fehler entdeckt. Wohl trägt Sokrates bestimmte Dinge heran, an die der Junge selbst sicher nicht gedacht hätte. So hätte er seine eigenen Fehler nicht gefunden – sicher, wie er war, dass die Antwort stimmte. Sokrates musste den richtigen Weg weisen, aber der Junge geht diesen Weg dann selbst. Weiterhin ist deutlich, dass der Junge seinen Weg auf vollständig *eigener* Einsicht aufbaut. Man bemerkt sehr deutlich, dass Sokrates *nichts* erklärt, sondern nur anbietet. Der Junge muss immer selbst entscheiden, ob er dazu Ja sagen kann. Er braucht nichts zu ‚glauben', er sieht alles selbst ein, auch seine Fehler.

Sokrates zeigt hier also, dass der ungeschulte Junge ein perfekt einsichtiges Vermögen hat, das unmittelbar aktiviert werden kann; dass in diesen wenigen Frage- und Antwort-Schritten eine Entwicklung in Gang kommt. Daran sieht man zugleich, dass es auch hätte unterbleiben können. Dann hätte der Junge nie gewusst, wie man zu einem Quadrat mit der doppelten Oberfläche eines gegebenen Quadrates kommt. Nun jedoch weiß er dies für den Rest seines Lebens und kann es sogar andere lehren. Auch sieht man, dass zwischen Sokrates und dem Jungen keine Meinungsverschiedenheit entstehen *kann*, sie schöpfen aus derselben Quelle der Einsicht – die *nicht* derselbe Leib ist. Es könnte sein, dass alle menschlichen Gehirne diese Idee absondern können, dann wären sowohl Sokrates als auch der Junge von ihren Gehirnen abhängig. Dann würden sie von demselben leiblichen Instinkt aus dasselbe einsehen.

Und die Freiheit? Die würde dann auch hier nicht zu finden sein.

Wir müssen noch etwas tiefer auf den Inhalt dieser Einsicht und auf den Prozess der Einsicht eingehen.

Woher kommt die Idee des Quadrats? Warum sollten Gehirnzellen diese Idee ausscheiden? Dann müssten sie also ein Scheinbild ausscheiden können. Und dieses Scheinbild müsste dann das Spiegelbild von etwas im Gehirn oder eventuell im Leib Existierendem selbst sein.

Nun braucht man kein Anatom oder Physiologe zu sein, um zu begreifen, dass ein regelmäßiges, mathematisch vollkommenes Quadrat nirgendwo in einem menschlichen Leib zu finden ist. Man kann es vielleicht zeichnen, z.B. als Hilfsmittel in der Chemie – aber selbst das bezweifle ich. Als *leibliche Form* kommt das vollkommenes Quadrat nirgendwo vor, wahrscheinlich überhaupt nirgendwo in der lebendigen Natur.

Wohl im Reich der ‚Dinge', vor allem der durch Menschen gemachten Dinge, wenn Maschinen zwischen Mensch und Ding eingeschaltet sind. Bei Handarbeit jedoch ist ein vollkommenes Quadrat ebenfalls eine Unmöglichkeit.

Man könnte also sagen: Mit den Sinnen hat man das vollkommene Quadrat (als Ding) wahrgenommen, dadurch hat man den Gedanken, dadurch kann das Gehirn solche Gedanken produzieren. Aber dann bleiben es trotzdem immer *bestimmte* Quadrate, verbunden mit Objekten.

Offensichtlich kann ein Mensch vom Objekt abstrahieren. Er kann das *allgemeine Quadrat* denken, ohne ein spezielles Objekt dafür zu benötigen. Das allgemeine Quadrat hat eine unbestimmte Seitenlänge, von Null bis Unendlich. *Das* kann man sogar denken, man kann einen Quadrat als Punkt denken und es dann größer werden lassen, größer, größer. Man denkt dann überhaupt nicht an eine *bestimmte* Länge, sondern an vier gleich lange Seiten. Welche Gehirnzellen scheiden dies ab, woher holen sie ihre ‚Information'? Nicht aus dem Leib, nicht aus den Sinnen, nicht aus sich selbst, denn sie sind nicht quadratisch, wissen von keinem Quadrat, wie es sich ausdehnt und wieder zusammenzieht. Man kann sich noch denken, dass das Gehirn eine bestimmte Vorstellung von einem bestimmten Quadrat ausscheiden würde. Das kommt dann aus einmal aufgenommenen Sinneseindrücken und dann aus dem Gedächtnis. Aber das *unbestimmte Quadrat*, das *trotzdem* ein Quadrat ist, aber nur *gedacht* werden kann, kann unmöglich aus der Quelle des Leibes kommen.

Nun gehen wir weiter, wir denken den Prozess mit, durch den aus einem Quadrat ein doppelt so großes Quadrat konstruiert werden kann.
Wir zeichnen in Gedanken ein Quadrat.

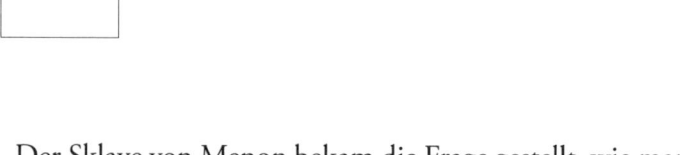

Der Sklave von Menon bekam die Frage gestellt, wie man ein Quadrat mit der doppelten Oberfläche erhält. Er sagte, dass die Seiten doppelt so lang sein müssten.

Sokrates wies ihn darauf hin, dass man dann ein viermal so großes Quadrat erhält. Es dauerte etwas, bevor der Junge dies einsieht, aber schließlich gibt er es zu. Gerade dieser erste Irrtum macht ihn für die richtige Lösung empfänglich, laut Sokrates. Die Verwirrung ist nötig, um zur Wahrheit zu kommen.

Nun haben wir also vier gleiche Quadrate. Wenn wir sie alle halbieren, haben wir die Hälfte von vier gleichen ursprünglichen Quadraten: *zwei* gleiche ursprüngliche Quadrate – und damit die doppelte Oberfläche des ursprünglichen Quadrats.

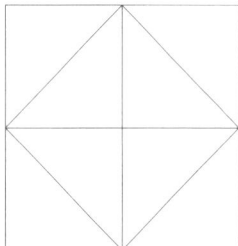

Das sieht jeder denkende Mensch ein. Nun kann man diesen ganzen Gedankenprozess noch einmal denken, jetzt aber, ohne in Gedanken zu zeichnen, und auch, ohne alles in Worten zu sagen. Wahrscheinlich muss man das sehr schnell machen, sonst ‚fällt' man aus der Konzentration heraus. Man stellt sich die Figuren zwar noch ein wenig vor, aber es geht vor allem um die Einsicht und um den Weg zu dieser Einsicht.

Nun ist das Denken *so* abstrakt geworden, dass es folgenden Bedingungen genügt:

- Die Gedanken sind vollkommen *frei von Sinnesein-drücken*. Wenn man trotzdem noch Quadrate ‚sieht', dann sind sie unbestimmt und für *alle* Quadrate gültig.
- Die persönlichen Triebfedern – Wille, Gefühl, Stimmung, Meinung, Urteil – schweigen völlig. Man hat hier nichts beizutragen, es *ist* einfach so, und man ist damit völlig eins, man fühlt keinen Widerstand, keinen Zweifel.
- Die Gedanken sind ungreifbar, untastbar wie ein Spiegelbild. Die eigene Persönlichkeit ist in sie transformiert, man gibt nur noch die Gelegenheit zu diesen Gedanken, man kann sie jedoch nicht beeinflussen, nicht anders machen, als sie *sind*.
- Damit ist man *eins* mit dem Gedankenspiegelbild ge-

worden. Man ist eine Abspiegelung geworden, genau wie es die eigenen Gedanken sind. Das lebende Wesen, das sich spiegelte und *das man selbst war*, ist selbst Spiegelbild geworden. Ein inhaltsreiches Spiegelbild, aber *selbst vollkommen ohne eigene Wirkung.*

- Es gibt nur noch ein wirkungsloses Spiegelbild. Man ist als Persönlichkeit zum leblosen Spiegelbild geworden, hat sich selbst mit abstrahiert.

DER ZWANG DER ABSTRAKTEN EINSICHT

Das ist das Beängstigende des reinen mathematischen Denkens: wenn man sich bewusst wird, dass man sich selbst darin verliert, völlig abstrahiert als Einsicht, die *nur so sein kann*. Hier ist die Freiheit völlig aufgehoben, man hat sich bewusst der Wahrheit seiner Einsicht hingegeben. Man *kann* es nicht anders denken. Man kann zwar andere Wege ersinnen, um zur Einsicht zu kommen, aber die Einsicht bleibt unveränderlich die Einsicht. Es ist begreiflich, dass viele religiöse und spirituelle Wege vom abstrakten Denken *weg*führen, weil man da erstorben zu sein scheint, bevor man tot ist. Ebenso wie das Gehirn als Nervengewebe fast tot ist (und kaum Regenerationskraft besitzt), ist in der Lage, in die wir uns nun bewusst gebracht haben, die Persönlichkeit so still wie ein Leichnam geworden.

Dennoch hat sie auch eine stille Schönheit, diese völlige Abstraktion. Denn es gibt hier absolut keine andere Wirkung als nur die der Einsicht. Und damit fühlte man sich doch vollkommen eins, es war die *eigene* Einsicht. Dass es zugleich die Einsicht *aller* Menschen ist, braucht einen überhaupt nicht zu betrüben. Ist es nicht das Schönste, was es gibt, dass wir als Menschen ‚irgendwo‘ einmütig sein können? Dass *meine* Einsicht, von der ich absolut sicher bin, dass sie richtig ist, auch *deine* Einsicht ist – und die aller Menschen, die ebenso sicher sind, dass sie richtig ist? Einfach weil sie richtig *ist*?

So kann man es auch betrachten: Man hat ein Gebiet völliger Einmütigkeit gefunden, das buchstäblich *unwirksam* ist; es lässt also frei, es tut einem nichts, und man kann ‚ihm' keine Gewalt antun, denn man ist *eins* damit. Und nicht man allein, sondern alle Menschen sind damit eins.

Und so abstrakt es auch ist, in der Welt da draußen entsprechen alle Quadrate diesem Gesetz. Es ist also nicht nur etwas, was sich unter dem eigenen Schädel und dem aller Mitmenschen abspielt; es lässt sich in diesem quadratischen Tisch da, dem quadratischen Einkaufszettel usw. verwirklichen. Man kann davon wieder abstrahieren und sich in den rein mathematischen Aufbau der Einsicht zurückziehen.

Zurückgekehrt in das reine Einsichts-Spiegelbild, das sowohl den Gedanken als auch einen selbst als Schein zeigt, kommt man zu der Schlussfolgerung: Hier ist alle Wirkung, aber damit auch aller *möglicher* Zwang aufgehoben. Da ist nichts als klares Bewusstsein, erfüllt von Einsicht. Der einzige Zwang ist die Einsicht, aber diese kann ich unmöglich als Zwang erleben, denn ich *habe sie selbst erworben*.
Es spielt nun auch keine Rolle mehr, ob die Einsicht aus meinem Gehirn oder aus einer Geisteswelt kommt. Das Einzige, was zählt, ist, dass hier ein Endpunkt liegt – und ein Gebiet, in dem es keinerlei Wirkung als nur die Einsicht selbst gibt.

Wir werden uns noch in die Frage vertiefen: Wenn es jetzt nur noch ein Spiegelbild als Bewusstsein gibt, was oder wer verursacht dies dann? Der Spiegel ist nicht leer, er ist gerade inhaltsreich, enthält den *Gedanken-Schein* (Einsicht) und den *Persönlichkeits-Schein* (das ‚Gebiet' der Einsicht). Aber ein Spiegelbild verweist immer auf etwas, das sich spiegelt. Das kann nicht mehr meine Persönlichkeit sein, denn diese gehört zur Spiegelung dazu. *Was oder wer spiegelt sich da?*

Bevor wir so weit sind, diese Frage zu beantworten, durchlaufen wir noch einmal all unsere Erfahrungen und versuchen, zu *erleben*, welche Unterschiede wir bemerken.

Leibes-Ich
Leibes-Selbstbewusstsein
Spiegelbild

Impulse zur Aktivität:
Instinkt
Charakter
Begierde
Motivation

Gefühle und Stimmungen:
Rationalisieren
Ursprung suchen

Denken:
Gefühlsgedanken
Denken des Gefühls
‚Lernpflicht‘: Abneigung, Hingabe
Denken von Wissen:
Spiegelung der Gedanken
Denken mit Sokrates:
Spiegelung der Gedanken
Spiegelung der Persönlichkeit

Dies müsste man nicht nur *lesen*, sondern noch einmal *ausführen*. Ebenso wie man beim Yoga oder der ‚mindfulness‘ eine halbe Stunde Schritt für Schritt vorgeht, kann man dies auf seiner Suche nach Freiheit doch auch regelmäßig tun? Man fühlt dann immer mehr, wie man von der leiblichen Schwere des Ich-Erlebens zu dem ‚Nur-noch-Spiegelbild' gleichsam aufsteigt. Wenn man dann da hoch oben angekommen ist, in einem Denken, das so abstrakt geworden ist, dass es sogar die Gedanken an einen selbst zum Spiegelbild macht, dass man selbst im Spiegelbild unwirksam wird, dann ist man in einem Gebiet angekommen, das dem höchsten Berggipfel vergleichbar ist. Alles, was noch Wirkung hatte, ist weg, die Baumgrenze ist unter einem, man hat nur die reinen Elemente, den Fels, den Schnee, den blauen Himmel, die sauerstoffarme Luft, die Wärme der strahlenden Sonne. Die Abstraktion ist vollkommen, so scheint es.

Wir kommen wieder zum Denken des unbestimmten Quadrates, wir folgen Sokrates in Gedanken noch einmal und kommen durch diese Wiederholung wieder einen Schritt weiter.

DIE UNGEDACHTE EINSICHT

Jetzt wird es sehr interessant! Denn wir haben ein Quadrat mit unbestimmter Seite gedacht und die doppelte Fläche davon konstruiert. Das kann man *denken*.

Man kann eine variabele Länge der Seite des Quadrats denken und dennoch wissen, dass die Fläche das Quadrat davon ist:

Länge = a   Breite = a   Fläche = a x a = a^2.

Nun hat man doch wirklich keinen Halt mehr an irgendeinem Sinneseindruck.

Jetzt kommt noch die Frage: Wie finde ich ein Quadrat mit einer Fläche, die doppelt so groß ist wie die des Quadrats mit der Länge und Breite a? Wenn man sagt: Länge = Breite = 2a, dann macht man denselben Fehler wie Menons Sklave. Man kann nun, ohne ein bestimmtes Quadrat zu haben, dieses Quadrat mit einer Fläche von $2a^2$ denkend konstruieren, ausgehend von dem Fehler des Sklaven. Bei einer Länge und Breite von 2a erhält man vier Quadrate mit der Fläche a^2, also der Gesamtfläche $4a^2$. Indem man alle vier Quadrate halbiert, erhält man die Hälfte von $4a^2$, also genau $2a^2$.

Das kann man alles denken *und einsehen*, ohne Papier. Die Tatsachen, die von der Denkaktivität gedacht werden, können nun noch immer aus dem Leib kommen, zum Beispiel aus den Gehirnzellen zusammengesetzt werden. Aber man achte einmal auf das *Einsehen*. Da wird das Denken absolut sicher, zugleich aber absolut ungreifbar. *Man kann die Einsicht nicht denken*. Man kann die zu ihr führenden Tatsachen denken. Diese können einem auch z.b. durch Sokrates gereicht werden. Doch den Moment der Einsicht kann man nicht denken. Man ist sich der Wahrheit sicher, aber sie ist ebenso ungreifbar wie sicher, wie wahr. Wenn man besser auf das achten könnte, was in einem geschieht, dann würde man in dem Moment der Einsicht immer wieder fühlen, dass man wirklich allen physischen Untergrund unter den Füßen verliert, während man die Sicherheit, eine sichere Einsicht in die Wahrheit erwirbt.

Alle Denk-Tatsachen waren abstrakte Spiegelbilder (Reflektionen), und sogar man selbst wurde in dieses Spiegelbild aufgenommen. In dem Moment der Einsicht scheint man einerseits noch weiter zu verschwinden, andererseits kommt man gerade seiner selbst sehr sicher zum Vorschein. Doch dieser Moment ist so flüchtig, dass er einem entgeht.
Dadurch muss ich hier in der Begründung einen scheinbaren Sprung machen, nämlich die Behauptung: *In der Einsicht* findet man genau das *in Wirklichkeit*, was sich im Spiegelbild *reflektiert*. Ich nenne es eine Behauptung, weil man hier etwas von mir annehmen muss. Doch ich hoffe, auch in dieser Hinsicht trotzdem zu einer *eigenen Einsicht* führen zu können, die genau so sicher ist wie die Einsicht in die Verdoppelung der Fläche eines Quadrates.

Vielleicht hat man sein Interesse längst verloren, das könnte sehr gut sein. Dann kann ich nichts machen. Wenn man in dieser strengen, dürren Reise im Denken nicht irgendwie eine Faszination empfinden konnte, ist daran nichts zu ändern. Nicht jeder hat Lust auf eine Bergwanderung.

Wenn man aber *doch* etwas von diesem Rätsel des Denkens erlebt hat, wird man gerne weiter mitgehen, es wird einen immer mehr faszinieren, weil man ein Interesse an diesem Paradox des abstrakten Denkens in Bildern, des ‚Zwanges' der Einsicht – und darin an der Morgenröte, der Dämmerung der Freiheit – gewinnt.

Man gehe noch einmal mit mir mit. In dem Moment, wo man einseht, dass Länge = Breite = 2a nicht ein Quadrat mit der doppelten Fläche des Quadrates Länge = Breite = a ergibt, kann man kurz innehalten. Man kann diese wenigen Denkschritte wiederholen und auf den Moment der Einsicht achten. Wie gesagt kann ich einem diese nicht geben, die Einsicht zeigt sich, sie tritt auf. Doch es ist nicht etwas, was man ‚sieht', es ist nicht etwas, was außerhalb von einem geschieht.

Man könnte nie diese Sicherheit der Richtigkeit der Einsicht haben, wenn man sie sich gegenübergestellt vorfände. *Sie* ist kein Spiegelbild, sie ist mit einem selbst verwoben. Die Denkschritte sind das Spiegelbild, könnten einem als ‚Vorstellungen' gegenüberstehen. Aber diese Vorstellungen führen einen zu etwas, was unvorstellbar ist – und doch absolut sicher.

Wenn man genau empfindet, erlebt, dann bemerkt man, dass die Einsicht niemals zwingen kann, denn man ist es ganz selbst. Ungreifbar, unsichtbar, unhörbar, unausgesprochen, ja unaussprechlich ist man es selbst. Es ist wie ein *Windhauch*, der sofort wieder weg ist, ohne dass man weiß, woher er kam oder wohin er ging. Es ist auch nicht nur etwas im Kopf, man sieht nicht mit dem Kopf ein, man empfindet die Einsicht viel tiefer, in der Herzgegend, ohne das Herz zu fühlen.

Man hat hier die Antwort auf die Frage: Wer oder was spiegelt sich in meinen abstrakten Gedanken? Es ist die in Abstraktionen zerfallene Einsicht, diese spiegelt sich. Doch das völlige Fehlen allen Zweifels über die Richtigkeit der Einsicht weist darauf hin, dass man *selbst* es ist, der die Einsicht ist, der sich spiegelt. Nicht die Persönlichkeit kann dies sein, denn diese hat man weit hinter sich gelassen. Dennoch ist man es ganz und gar, aber statt aus dem Sichtbaren kommt man aus dem Unsichtbaren, aus dem Gebiet, wo die Einsicht in den Windhauch lebt – *der man selbst ist.*

DIE FREIHEIT

Nun will ich zwei Formen echter Freiheit beschreiben, die sich schließlich als ein und dieselbe erweisen werden:

Die Freiheit in dem Spiegelbild
Die Freiheit in dem Windhauch

Wir haben alle naturwissenschaftlichen Erklärungen außer Betracht gelassen und haben nur auf das gesehen, was wir unmittelbar, von Natur aus, zur Verfügung haben. Das ist die Wahrnehmungsseite der Untersuchung. Aber wir haben auch Experimente ausgeführt. Diese sind zwar nicht objektiv zugänglich, denn sie spielen sich in unserer Subjektivität ab. Aber sie erhalten trotzdem denselben objektiven Charakter wie das naturwissenschaftliche Experiment, indem alle Subjekte zu denselben Erfahrungen kommen. Es gibt zwar keine Formeln, mit denen man das ich-bin berechnen kann; doch die konkrete Erfahrung hat jeder Mensch ebenso sicher, wie es das Aufgehen der Sonne am Morgen und das Untergehen am Abend ist. Worauf das ich-bin exakt beruht, mag unsicher sein. Das Vorliegen der Erfahrung ist ein sicheres Faktum. Das gilt für alle Experimente, die wir bis jetzt durchgeführt haben. Alles beruht auf der Tatsache, dass wir ein *Bewusstsein* haben, in dem wir uns all dessen bewusst werden können. Ob dieses Bewusstsein auf exakten Tatsachen beruht (exakt beweisbaren Fakten) oder ob es in Wirklichkeit eine Illusion ist, lassen wir hier ebenso unentschieden. Tatsache ist in jedem Fall, dass ohne Bewusstsein kein Wissen, kein Erleben, keine Erfahrung existiert. Ein großer Mystiker, Meister Eckhart, hat geschrieben: Wäre ich ein König und wüsste es nicht, so wäre ich kein König. Ohne Bewusstsein hat man von nichts ein Wissen, und dann existierte es in Wirklichkeit nicht. Alles Wissen, auch die exakte Berechnung, muss in einem Bewusstsein *erlebt* werden, sonst ist dieses Wissen nicht da.

Die ganze vorangegangene Begriffsentwicklung besteht aus einem Ins-Bewusstsein-Bringen von Etwas, was schon da war, was aber erst durch das Bewusstwerden auch für den Leser, für mich, für uns, eine wirkliche Tatsache geworden ist. Im Leben entgeht einem mehr, als man sich bewusst ist. Dies alles ist dann *für einen selbst* tatsächlich nicht da, obwohl es objektiv da *ist*. Wenn man wie ein Automat alle Lebensereignisse und Lernprozesse ‚durchläuft‘, ohne Bewusstsein, dann weiß man nichts, man lebt nicht. Man vegetiert nur.

Nun sind wir im Bewusstsein auf die Stufe des Erkenntnisprozesses an sich geklettert, und wir haben entdeckt, dass alle Gedanken, das ganze Denken, faktisch ein Spiegelbild ist, das wir anschauen. Ja, wir haben mit Sokrates sogar gefunden, dass wir selbst als Denker uns in das Spiegelbild begeben. Aber es bleibt etwas übrig, was kein Spiegelbild sein *kann*, es *kann* kein Gedanke werden, es ist etwas anderes: Es ist Einsicht, Begreifen.

Hier hatten wir einen kurzen Augenblick, in dem wir gewahr wurden: Alles Denken ist Spiegelbild des Begriffs. Die Einsicht ist in Wirklichkeit das, was sich in meinen Gedanken spiegelt.

Und diese Einsicht ist nicht von meinem denkenden Selbst zu lösen. *Ich* spiegele mich als Einsicht in meinen exakten Gedanken.

Nun gibt es zwei verschiedene Formen von Freiheit. Wenn ich der Begründung von Sokrates im Gespräch mit Menons Sklaven folge, lebe ich in vollkommen abstrakten Gedanken, losgelöst von der Wirklichkeit, so wie mein Spiegelbild losgelöst von meiner Wirklichkeit mich spiegelt, wenn ich vor dem Spiegel stehe. Könnte ich in das Spiegelbild schlüpfen, dann wüsste ich sicher, dass in dem Bild nichts mehr wirksam sein kann.

Ebenso erfahre ich das exakte Denken als etwas, was an sich *nicht* wirksam ist, sondern nur eine Reflektion ist. In diesem Spiegelbild, dem abstrakten Denken, habe ich nichts mehr, was mich unbewusst beeinflusst, nur den Gedankengang selbst.

Ich bitte den Leser nun, bei dem folgenden Experiment mitzugehen. Dafür muss man versuchen, sich in die folgende, oft vorkommende Situation einzuleben. Angenommen, man sei ein Student von vierundzwanzig Jahren, ein junger Mann. Man hat noch eine Schwester, die zwei Jahre älter ist. Seit einem Jahr hat man keinen Kontakt mehr mit seinen Eltern, weil sie sich in alles einmischen. Man nimmt keine Anrufe mehr an, man beantwortet keine E-Mails, man geht überhaupt nicht mehr hin. Die Schwester versucht immer wieder, mit einem darüber zu sprechen, und man findet es auch schade, dass es so ist. Aber man sieht keine Lösung, und man versucht, an dem Problem vorbeizuleben. Man hält es nicht aus, sich immerzu dafür verantworten zu müssen, wie man lebt, ob man Freundinnen hat, ob man gut studiert, ob man keine Drogen nimmt, ob man einen Schal um hat usw. usw.

Eine freie Wahl ist dies nicht, es spielt alles Mögliche mit hinein, was eine Rolle spielt oder auch nicht, man kann es nicht durchschauen. Man steckt mit diesem Problem in einer Sackgasse. Der Gedanke, die Schwierigkeiten einfach zu vergessen – wie sich die Schwester das vorstellt –, widert einen an, und so belässt man alles, wie es ist. Man macht, was man will, sagt man. Aber man will dies eigentlich überhaupt nicht, man kann einfach nicht anders. Also ist man so unfrei, wie es nur geht.

Nun muss man noch einmal mit Sokrates und dem Sklaven mitdenken, oder man macht eine andere Denkübung wie zum Beispiel den Beweis des Satzes von Pythagoras.

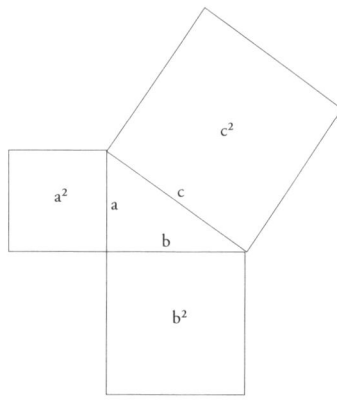

Pythagoras: $a^2 + b^2 = c^2$ für jedes rechtwinklige Dreieck.

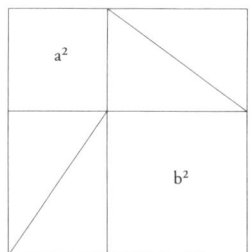
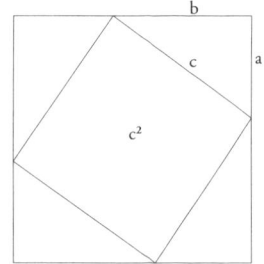

96

Man muss also zeigen, dass die Fläche des Quadrates a²
plus die Fläche des Quadrates b² gleich der Fläche des
Quadrates c² ist. Das heißt, die beiden kleinen Quadrate
müssen genau in das große passen.

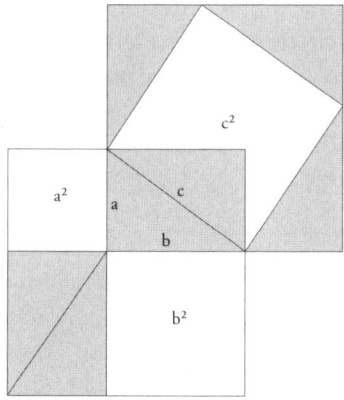

Man kann jetzt ‚sehen', dass der Satz stimmt. Man sieht
nämlich, dass die beiden großen Quadrate dieselbe Fläche haben, nämlich (a+b)². Und man sieht, dass bei beiden Quadraten vier Dreiecke wegfallen, viermal dieselben
Dreiecke abc – also muss die Oberfläche von c² (oberes
großes Quadrat) genau gleich der Fläche von a²+b² sein
(unteres großes Quadrat).

Man muss so lange darüber nachdenken, bis man es sieht;
nicht eher aufhören! Der eine sieht es unmittelbar, der andere braucht eine Stunde dafür oder kann es nur mit Hilfe.
Das macht nichts. Es geht nur darum, dass man wieder in
das vollkommen abstrakte, von der Realität befreite Spiegelbild kommt, in das man selbst auch aufgenommen wird.
Darin betrachten wir die Situation des oben beschrieben
Studenten erneut.

Man kann auch eine Situation aus seinem eigenen Leben in dieses Element ‚legen', doch hier in diesem Büchlein brauchen wir ein Beispiel. Man hat sein alltägliches Wollen, Fühlen und Denken ganz verlassen, und man ist in einem abstrakten, wirkungslosen Element.

Man sieht erneut diesen Studenten in seinem alltäglichen Studentenleben, in dem es ihm gut geht, und man sieht seine Familie, entfernt von ihm. Plötzlich wird die ganze Situation objektiv. Man sieht, dass dieser Junge auch seine Fehler hat, dass die Eltern so sind, wie sie durch ihre eigene Art und Erziehung, ihre Lebenserfahrung und zugleich ihr Wissen in Bezug auf ihren Sohn sind. Man sieht auf einmal, dass es doch Liebe ist, diese Tendenz, sich einzumischen. Und man sieht, dass die Schwester einen genaueren Blick auf das Ganze behalten hat, dass sie nicht nur sich selbst sieht. Sie sieht den Ärger des Jungen, aber auch den tiefliegenden Kummer, und sie sieht die Betrübtheit der Eltern, die ihn verloren haben.

Kurzum, das Blickfeld erweitert sich, man sieht eine größere Perspektive, wodurch die wirklichen Beziehungen und auch das Relative sichtbar werden.

Man mache dies einmal mit einem Problem in seinem eigenen Leben, das unauflöslich erscheint. Man ‚erhebe' sich zuerst zu einem wirkungslosen abstrakten Denken, in dem alle Wünsche, Gefühle und Meinungen vergessen sind. *Dann* forme man ein Bild der Situation, und man wird sehen, um wie viel größer die Perspektive wird, wie das eigene Interesse sich als in das Interesse aller Beteiligten aufgenommen erweist. Vom gewöhnlichen Gefühl und Denken aus kann man dies nicht. Das Gefühl ist zu stark und die Gedanken sind ja bewusst gewordene Gefühle. Es hat also keinen Sinn, dieses Experiment von seinem gewöhnlichen Denken aus zu machen.

Wenn man nicht zuerst eine kräftige, exakte Denkanstren-
gung unternimmt, bei der man keine Energie an Zweifel
oder Verzweiflung über die Wahrheit seiner Denk-aktivität
verliert, kommt man nicht ‚über sich selbst hinaus‘. Darum
sind solche mathematischen Denkaktivitäten am geeignet-
sten. Man muss sich von seinem Subjekt lösen und sich
gleichsam in das Objekt seines Denkens ‚verlieren‘. Man
kommt dadurch in ein Denkgebiet, in dem objektive Gedanken sind. Da bekommt man von selbst einen objektiven Blick auf seine Probleme, als ob man durch die Augen
eines Unbekannten die eigene Problematik betrachtet und
dann auch auf eine ‚unbekannte‘ Weise beurteilt.

Ist das Freiheit? Es ist sehr wohl etwas ganz anderes als
‚ich mache, was ich will!‘. Aus dieser Einstellung heraus
lässt man seine Eltern, die so nörgeln, einfach sitzen, und
die Schwester muss selbst sehen, wie sie die Sache sieht,
das kümmert einen nicht. Doch dies war überhaupt keine
Freiheit, denn unter diesen derben Worten lebt doch noch
der Junge, der Sohn dieser Eltern, die er trotz allem heim-
lich liebt – wenn sie nur nicht so nörgeln würden. Frieden
hat man niemals mit diesem ‚ich mache, was ich will‘.

Nun war man im Denken zum Spiegelbild geworden, in
dem das eigene ‚Nörgeln‘ und das der Eltern keine Wirkung mehr hatten. Man stand außerhalb und schaute ruhig an, was da eigentlich los war. Man sah seine Familie
in einer weiteren Perspektive und sah auch seinen eigenen
Anteil darin. Denn diesen gab es natürlich auch.

In diesem aus sich selbst befreiten Denken ‚fühlt‘ man
wirklich Befreiung. Da hört alles subjektive Elend kurz auf,
und man schaut unbefangen auf sich selbst und seine Umgebung.
Es gibt hier nichts mehr, was einen an irgendetwas bindet.

Wenn man für einige Zeit in diesem abstrakten Denken seiner Problematik verweilen kann, beginnt man wirklich, eine Befreiung zu fühlen. Mag dies dann doch noch eine Illusion sein, so ist es in jedem Fall eine *Illusion mit Effekt* – und dies ist ein absoluter Widerspruch in sich. Etwas, was als Befreiung *wirkt*, kann keine Illusion von Befreiung sein. Im Spiegelbild ist *alles* unwirksam geworden, aber es tritt eine neue Wirkung auf, die zunächst nur im Denken ‚steckt‘, die man aber im weiteren doch auch empfindet. Eine Erleichterung ist es, dass man aus der Zelle seiner persönlichen Probleme freikommt, in die Offenheit der allgemeinen Übersicht.

Dies ist mit all diesen Worten nicht zu beweisen, man muss es *tun*. Und man muss es *genau* tun: Zuerst sich zum reinen mathematischen Denken erheben und dann erst sein Problem darin denken.

Kehrt man in sein gewöhnliches Gefühl zurück, kann man damit vielleicht doch wiederum nichts anfangen. Doch in dem Maße, wie das objektive Spiegelbild der Situation öfter ins Bewusstsein kommt, wird es einem immer deutlicher, was man tun will. Da kann keine Schwester, kein Vater, keine Mutter etwas einbringen oder einwenden, man ist mit sich selbst denkend allein. *Sieht* man dann erst einmal, wie es sich genau verhält, dann wird man auch wissen, was man wirklich will. Dann aber kann einen niemand mehr von der Richtigkeit abbringen, nicht einmal man selbst kann es dann mehr, auch im gewöhnlichen Gefühl kann man es nicht mehr.

Was ich hier meine, ist, dass man wirklich originale Lösungen findet, die wirklich die eigenen sind, was ganz und gar nicht bedeutet, dass man immer Frieden mit seinen Eltern schließen will – das will ich hiermit absolut nicht sagen. Es geht nicht um moralische Feststellungen, es geht um das ‚Beziehen‘ eines objektiven Gebietes im Denken,

wo man selbst sieht, wie alles liegt und was zu tun ist. Es kann sein, dass es in einem Jahr wieder anders aussieht – so ist das Leben. Aber für *jetzt* weiß man, *was* man tun muss, *wie* man es tun muss und *dass* man es tun will. Die Klarheit und Übersichtlichkeit führt dazu, dass man mit der Sache dann vollkommenen Frieden hat.
Das ist die eine Form von Befreiung.

Die zweite Art, in den Bereich der Freiheit zu kommen, hängt direkt damit zusammen.
Dafür müssen wir uns nun die Mühe machen, *noch* einmal eine solche Übung in der Geometrie zu machen, sagen wir, den Satz des Pythagoras. Wir durchdenken diesen nicht mehr auf dem Papier, sondern ganz ‚von innen‘, bis wir den Punkt erreicht haben, wo wir den Beweis begreifen. Das ist der Punkt der *Einsicht*. Wir hatten schon entdeckt, dass es da kein Spiegelbild mehr gibt, aber auch nicht die Wirkungen der gewöhnlichen Persönlichkeit mit ihrer Fracht an Meinungen und so weiter.

Man ist dann also noch mehr ‚bei sich selbst‘ und doch vollkommen unbelastet von allem, was einen bis dahin belastete.
Wenn man etwas einsieht, dann ist das etwas ‚für das Leben‘. Darüber kommt nie mehr ein Zweifel auf, man empfindet eine unerschütterliche Sicherheit in seiner Erkenntnis. Wenn man einmal eingesehen hat, wie man zu einem Quadrat mit der doppelten Fläche eines anderen Quadrates kommt, dann wird man an der zugrundeliegenden Begründung nie mehr zweifeln, auch nicht an ihrer Wahrheit.

So ist es auch mit Entschlüssen und Vorsätzen – und ihrer Ausführung. Wenn man sich einmal aus Einsicht etwas vornimmt, den Entschluss fasst, es zu tun, und es dann auch ausführt, kann einen nie mehr jemand in Zweifel über die Richtigkeit des Entschlusses bringen.

Angenommen, man arbeitet als Kellnerin in einem schönen Café-Restaurant. Man hat viele Kontakte, fühlt sich
gut. In der Schule war man sehr gut gewesen, man hatte
nur keine Lust gehabt, etwas zu tun. Nach Beendigung der
Schule hatte man weiter in der Gastronomie gearbeitet,
hier liegt also die eigene Zukunft. Die Lehrer und Eltern
haben einem in den Ohren gelegen, um einen dazu zu bewegen, einen Ausbildung zu machen – aber man hat keine
Lust dazu.

Nun kommt seit einiger Zeit öfters ein netter Mann zum
Essen, er sitzt allein, trägt keinen Ehering, sieht gut aus
und ist charmant. Er fängt immer eine kleine Plauderei an
und gibt ein gutes Trinkgeld. Doch diese ‚Plauderei‘ bekam in letzter Zeit immer mehr Inhalt. Er machte nicht
den Eindruck, dass er etwas von einem wolle, aber wenn
die Arbeitszeit um ist, sitzt er oft noch da, und dann bittet
er, noch etwas mit ihm zu trinken. Über sich selbst sagt er
nichts, aber er ist sehr interessiert daran, wer man selbst ist.
So kam dann die unvermittelte Frage: Ist dies deine feste
Stelle, oder bist du eine Studentin, die etwas dazuverdient?
Zum ersten Mal findet man es schlimm, dass man *keine*
Studentin ist, sondern dass man ‚ganz‘ Kellnerin ist. Man
kann nicht sagen, dass dieser Mann einen deshalb verur-
teilt, überhaupt nicht. Aber das ist es vielleicht gerade.
Man beginnt, unsicher zu werden über seine Arbeit, seine
Zukunft, den Typ von Mann, mit dem man sein Leben
teilen will. Er stellt nur interessierte Fragen, und man gibt
etwas ausweichende Antworten. Aber die eigenen Gefühle
sind um so stärker. Und so steht schließlich alles auf dem
Kopf.

Vielleicht ist es einfach Verliebtheit – aber es ist mehr.
Man ist nicht mehr zufrieden mit sich und seiner Perspektive. Und man kann darüber mit Anderen nicht richtig

sprechen, es fühlt sich wie ein Gesichtsverlust an.

Man hat natürlich gar keine Lust, sich mit einem Quadrat oder einem Dreieck so viel Mühe zu geben. Aber man tue es dennoch einmal, man fühlt dann, wie man von seinen Zweifeln loskommt. Man denke einmal *nur* an etwas, was wirklich *wahr* ist und was man auch selbst einsehen kann. Man vergisst dann seine ganzen Probleme für kurze Zeit und fühlt sich rein und frei – als ob man nach einem harten, arbeitsreichen Abend unter der Dusche gewesen ist. Der Denkblick ist klar, wach und unbekümmert. Nun richtet man sich auf die *Einsicht* in diesem Denkprozess. Das ist mehr ein *Fühlen* im Denken, man *fühlt*, wie man sich selbst verändert, wie man plötzlich *einsieht*, dass $a^2 + b^2 = c^2$ ist. Das ist etwas ganz anderes, als auswendig zu lernen, dass $a^2 + b^2 = c^2$ und dies dann blind anwenden zu müssen. Davon wird man aufsässig. Aber wenn man es einmal selbst eingesehen hat, dann kann man es auch ohne allen Ärger anwenden.

Nun bringt man seine Situation in *diesen* Teil seines Bewusstseins. Man denkt sie, als ob man ein mathematisches Problem lösen wollte, sehr allgemein und objektiv. Es kann sein, dass man dann *einsieht*, dass dieser Mann einen zu etwas bringen will, was *wirklich* nicht auf dem eigenen Weg liegt. Man sieht dann ein, dass man diesen Beruf wirklich selbst will und dass man diese Arbeit weiter machen will. Man wird dann nicht mehr von irgendeiner Unsicherheit diesbezüglich belastet sein, wenn man beim nächsten Mal etwas mit ihm trinkt. Ihm gegenüber wird man dieselbe sichere Haltung haben wie zum Beispiel gegenüber seinen Eltern.

Aber es kann natürlich auch sein, dass man *einsieht*, dass man eigentlich Gelegenheiten vorübergehen lässt, aus Passivität, aus Faulheit, aus Aufsässigkeit – man kann *selbst* einsehen, was es genau ist. Dann wird man mit *dieser* Einsicht seine Zukunft bestimmen – weil man selbst es will, denn man hat genau gesehen, wie die Dinge liegen.

Niemand, wirklich niemand kann einem raten, was man tun muss. Der einzige echte Ratgeber ist die eigene Einsicht. Erst dann wird man wirklich sagen können: Ich tue, was ich will; der eigene Wille beruht dann auf absolut sicherer Einsicht.

Wenn man einmal die Kraft der Einsicht kennenlernt, wird man merken, dass diese allerlei Wege bahnt. Finanzielle Gegenargumente etwa spielen keine Rolle mehr, weil die Einsicht einem den Weg zu den richtigen Maßnahmen weist.

Freiheit findet man also an zwei Orten: Im Denken als Spiegelbild und in der Einsicht, die sich in diesem Spiegelbild spiegelt und die *man selbst absolut ist*.

ICH TUE, WAS *ICH* WILL

Will man wirklich zu einem ‚ich tue, was ich will' kommen, muss man immer wieder die Reise durch die Unfreiheit des persönlichen Lebens zum Gebiet der echten Freiheit unternehmen. Man kann die Freiheit nicht einfach so erreichen, wenn man sich keine Mühe geben will – und so viel Mühe ist es schließlich nicht. Die Reise ging wie folgt:

- Besinnung auf die Wahrnehmungen des Leibes:
Leibes-ich-bin = Bewusstsein des Ich.
- Berührung der linken mit der rechten Hand:
Leibes-Selbstbewusstsein, Abgrenzung von der Außenwelt.
- Vor dem Spiegel stehen: Das Ich wird darin in dem wirkungslosen Abbild des Leibes wahrgenommen.
- Bewegungsimpulse aufgrund von:
Instinkt
Getriebenheit
Begierde/Lust
Motivation
- Fühlen seiner Gefühle = Gefühls-Ich. Man kann seine Gefühle rationalisieren, und man kann ihren Ursprung suchen.
- Denken geht von selbst, es sind Bewusstwerdungen des Willens und des Gefühls. Erkenntnis und Wissen zu erwerben, ist jedoch oft ein *Müssen*. Man muss sich selbst überwinden, sich im Denken anzustrengen.

Schließlich fanden wir ein Gebiet, in dem alle unbewussten Wirkungen verschwunden waren: *das reflektierte mathematische Denken*, das reflektierte Denken von etwas Allgemeinem. Darin war man ‚von sich selbst‘ befreit, kam aber in ein Gebiet einer Art ‚allgemeinen Zwanges‘: des Zwanges der Gesetzmäßigkeiten im Denken. Man kann nicht anders, als zuzugeben, dass Sokrates Recht hat. Man erlebt die Einsicht, erlebt darin sich selbst als denjenigen, der die Einsicht *ist*. Insofern empfindet man da Freiheit, aber es ist noch immer keine Befriedigung der Sehnsucht, wirklich tun zu können, was man selbst will.

In diesem Gebiet des reflektierenden Denkens konnte man nun lernen, seine Lebenssituationen zu denken, so objektiv, als ob es einen anderen beträfe. Das Merkwürdige ist, dass man gerade darin zu erleben beginnt, dass man *bedenken* kann, was man wirklich will. Hier geht es nicht um ein allgemeines Gesetz oder um allgemeine Logik. Man selbst sieht objektiv, was man selbst will. Man kann sich intensiv bewusst werden, dass es die eigene – objektive – Einsicht in seine Lebenssituation ist, die man da erwirbt. Dann *fühlt* man auch die Richtigkeit dessen. Man kann ausführlich durchdenken, welche Lösungen es gibt, und es gibt niemanden, der einen dabei mit Meinungen oder guten Ratschlägen stört. Hier ist man sein eigener Ratgeber. Man kann den Prozess wiederholen, noch einmal und noch einmal. Immer deutlicher wird es, was man eigentlich *selbst* will, ohne durch sein unbewusstes Selbst gestört zu werden.
Von zwei Seiten fallen die Hindernisse weg: Aus der Außenwelt kommt nichts mehr, aus der gewöhnlichen Innenwelt auch nicht. Man hat ein Gebiet gefunden, wo man *weiser* als sein gewöhnliches Alltags-Selbst zu sein scheint, aber auch weiser als die Eltern, die Lehrer oder wer auch immer – denn hier steht man Auge in Auge mit dem Le-

ben, dass *man selbst* führen will. Und weil der eigene Blick nun objektiv ist, werden die eigenen Beschlüsse von der Umgebung viel besser akzeptiert werden. Darüber hinaus gibt die eigene Sicherheit einem die Kraft, dasjenige, was man will, auch durchzusetzen.

Ein mathematisches Problem hat eine genaue Lösung. *Lebens*probleme haben eine große Breite möglicher Lösungen. Da herrscht eine andere Logik als in der Mathematik oder der Wissenschaft. Doch man muss dasselbe Gebiet aufsuchen und darin seine Fragen stellen – an sich selbst. Dann bekommt man neue Gefühle, neue Impulse, etwas zu tun. Und man wird immer die Sicherheit haben, dass man voll und ganz tun kann, was man will.

Anfänglich ist die Quelle, aus der man seine Einsicht schöpft, gleichsam unsichtbar. Man weiß, dass man es ganz selbst ist, aber man kann doch noch starke Zweifel empfinden und nicht deutlich wissen: Was will ich nun eigentlich? Doch indem man eine Gewohnheit daraus macht, so mit sich selbst umzugehen, wird diese Quelle stärker und tritt selbst mehr in das Bewusstsein. Im Lauf der Jahre wird man merken, dass man immer besser weiß, was man will, ohne darüber noch zu zweifeln. Je stärker die Quelle zu fließen beginnt, desto mehr verschwindet der Zweifel. So wird man ein *weiser* Mensch, ein weiser Mann oder eine weise Frau, die in dem Maße, in dem sie mehr Selbsterkenntnis haben, auch die Welt besser kennen und Rat geben können, weisen Rat. Wenn man jung ist, muss die Quelle erst noch zu fließen und zu strömen beginnen, man lernt vor allem sich selbst kennen. Doch schließlich kommt diese Weisheit auch der eigenen Umgebung zugute. Man kann dann Anderen den Rat geben: Werde dir zuerst aller Einflüsse in dir bewusst, die *nicht* frei sind. Suche dann das freie, objektive Denken, indem du es entfaltest; lege dir darin deine Fragen vor, betrachte sie mit dem freien, objektiven Denken. Gieße dann die Ergebnisse in dein Gefühl und dein Handeln. Du tust, was *du* willst.

Immer mehr fühlt man, dass die Quelle *der eigene Wille selbst* ist. Es gibt keinen Unterschied zwischen Einsicht und Willen: Der eigene Wille ist die eigene Einsicht, die eigene Einsicht ist der eigene Wille. Man lebt ein ausgesprochen persönliches Leben, aber man wird immer weniger in Widerspruch zu den Anderen leben – ganz von selbst.

Man findet sich selbst, wie man sein will, aber man entspricht auch den Erwartungen der Anderen – ohne irgendetwas von dem Prinzip preisgeben zu müssen: Ich tue, was *ich* will.

Es liegt etwas in der Zukunft der Menschheit, eine Möglichkeit, dass unter allen Menschen Freundschaft herrschen wird, weil der objektiv gewordene Wille sowohl außerordentlich persönlich ist als auch einer Quelle entströmt, die *Liebe* heißt.

ABSCHLUSS UND VORBLICK

Mit dem gewöhnlichen Gedankenleben kommt man nicht zu einer freien Überschau seiner Fragen und Probleme. Mit dem abstrakten Denken kann man ebenfalls nicht dazu kommen. Wenn man abstrakt denkt, wenn man im Denken das gewöhnliche Wissen benutzt, wird man nur kühl – distanziert und rein rational. Die Gefühle spielen durchaus noch mit, auch wenn man sie rationalisiert hat. Der Unterschied zu einem subjektiven Bedenken der eigenen Lebensfragen ist nur, dass man auch noch distanziert und kühl, ‚gefühllos' geworden ist, während die Gefühle in Wirklichkeit verstärkt mitspielen, maskiert unter den abstrakten Gedanken. Kühl berechnend kann man so vielleicht werden, aber *frei* ganz sicher nicht. Freiheit hängt mit der Fähigkeit zusammen, selbstlos einsehen zu können, dass etwas *wahr* ist.

Frei wird man nur, wenn man ein Gebiet gefunden hat, in dem man denken kann, ohne dass es um einen selbst geht, und in dem die Sicherheit der *Einsicht* lebt. Als Beispiel dafür gab ich das Gespräch von Sokrates mit dem Sklaven des Menon. Eigentlich ist nur Mathematik geeignet, weil zum Beispiel Philosophie doch noch sehr stark meinungsabhängig ist: Man kann einverstanden sein oder auch nicht. In einer mathematischen Begründung fällt diese Möglichkeit wcg, solange man sich innerhalb der gebräuchlichen Begriffe bewegt. Letztendlich kann man *alles* bezweifeln, aber darum geht es jetzt nicht – mit Zweifeln an der Mathematik kommt man wieder zum Gebiet der Philosophie. Der Gedankengang von Sokrates in dem gegebenen Beispiel ist für jeden einfach nachzuvollziehen und einzusehen. Die eigenen Gefühle spielen hier nicht mit, das eigene Leben spielt keine Rolle. Dadurch lernt man das *reine* abstrakte Denken kennen, ein reflektiertes Denken, das sich als eine Abspiegelung dessen erweist, was in einem *selbst* als Einsicht anwesend ist. Nur da, wo es als einzige Wirkung nur noch die *Einsicht* gibt, liegt das Morgenrot der Freiheit.

Die Freiheit ist noch nicht völlig da, denn der Einsicht kann man nicht entgehen. Doch das ‚Gebiet‘, in dem man dann denkt, ist frei von allem Zwang aus dem Unbewussten. Der einzige ‚Zwang‘ ist hier zugleich absolut bewusst, wodurch man ihn nicht mehr als Zwang erleben kann. Man lernt etwas kennen, was so licht und hell wie ein klarer, sonniger Tag ist. Man kann genau überschauen, woher die Gedanken kommen – man denkt sie schließlich ganz und gar selbst, völlig bewusst.

Je kräftiger man dies tut, desto klarer wird das Bewusstsein und desto besser kann man ebenso übersichtlich und klar seine Lebensfragen denken. Sie erscheinen dann *wirklich* in einem anderen Licht. Sie erscheinen nicht mehr in dem kalten abstrakten Licht, sondern in dem Einsichtslicht, das mit einem selbst zu tun hat. Man erlebt immer besser und klarer, dass es zwischen einem selbst und seinem Leben keine Trennungslinie gibt. Man *ist* schließlich sein Leben, und niemand weiß besser, was man zu tun hat, als man selbst. Die Verwirrung in Bezug darauf hat nur mit den Triebfedern zu tun, die aus dem Unbewussten kommen. Diese müssen auch da sein, doch *frei* kann man darin niemals sein. Freiheit existiert nur in einem Gebiet, in dem nichts aus dem Unbewussten mitspielt und in dem man *trotzdem* vollkommen eins mit seinem Leben ist.

Weil man in dem *reinen* abstrakten Denken lernt, über sein eigenes Leben zu denken, weil man da das Unbewusste ganz losgelassen hat, entdeckt man, enthüllt man ein vollkommen neues, *reines* Gefühlsgebiet. Durch das reine bewusste Denken kann man außerhalb seines gewöhnlichen Gefühls ‚fühlen‘. Das gewöhnliche Gefühl kennt nur die Logik der eigenen Begierden und Wünsche, hier kann also eigentlich keine Rede von Logik sein. Das nun erwachende reine Gefühl kennt eine objektive Gefühlslogik: Man findet Lösungen für sich selbst, die zugleich in das Leben der Umgebung passen. Das wird nicht immer so deutlich sein, alles braucht immer wieder Zeit. Doch ein Finden von Freiheit, von echter Freiheit, ist immer zugleich ein Finden reiner objektiver Gefühle. So, wie das Finden eines Quadrates mit der doppelten Fläche eines gegebenen Quadrates immer nur eine Lösung hat – nämlich gerade jenes Quadrat mit der doppelten Fläche – und diese Lösung für jeden zu akzeptieren ist, so findet man in diesem reinen Denken die Lösung für die *eigenen* Lebensfragen. Es wird hier zwar eine ganze Bandbreite möglicher Lösungen geben, die eigene wird aber immer die beste sein und dennoch die Gefühle aller Beteiligten berücksichtigen, weil man in eine ‚Gefühls-Logik‘ hineingewachsen ist. Freude und Freundschaft wohnen in dieser Gefühls-Logik.

Der Beweis, dass alles, was hier beschrieben ist, *wahr* ist, dass es *wirkt*, kann nur durch das *Tun* gegeben werden. Ein anderer Beweis ist nicht möglich. Mit der gewöhnlichen Logik kann man dem Ganzen vielleicht folgen, man kann möglicherweise den Eindruck bekommen, dass es stimmt. Doch der Übergang des gewöhnlichen Denkens zum völlig klaren objektiven Wahrheitsdenken kann nicht nur mit der Logik nachgedacht werden. Dieser Übergang muss wirklich selbst gemacht werden – und vielleicht gelingt dies erst nach mehreren Versuchen.

In dieser Freiheitssphäre dann über sein Leben nachdenken zu können, ist dann der nächste Übergang, der gemacht werden muss. Man fällt sehr leicht in das abstrakte ,Denken über' oder in seine Gefühlsassoziationen zurück. Das bedeutet, dass man in die Verwirrung zurückfällt, man verirrt sich in seinem eigenen Labyrinth.

Das Ausmaß, in dem man energische Kraft in sein Denken bringen kann, bestimmt die Möglichkeit, sich selbst beweisen zu können, dass Freiheit existiert. Hier kann kein Philosoph oder Psychologe helfen, kann keine einzige Theorie etwas beweisen. Hier gibt es nur ,Erfahrungswissenschaftler', und diese können nur den Weg weisen, sie können keinen Rat und keine Lösungen geben. *Das* schließlich ist Freiheit: Man findet sie nur, indem man selbst den Weg geht.

Diese Beschreibung des Weges berücksichtigt die Tatsache, dass der Mensch in seinem Leben in Entwicklung ist, er ist ein ,lernendes' Wesen. Wenn man zur Schule geht, hat man noch nicht genügend Fähigkeiten entwickelt, um sich aus dem Gefühlslabyrinth zum klaren selbstbewussten Denken hinaufzuarbeiten. Es hat mit ,Erwachsensein' zu tun, dass man dies kann. Davor muss man doch noch nach dem Kompass seiner Erzieher reisen, daran ist nichts zu ändern. Erst wenn man auf eigenen, erwachsenen Beinen steht, kann man selbst entscheiden. Auch dann geht die Entwicklung weiter, man kann nicht auf einen Schlag alles selbst.

Auch wenn man erwachsen ist, entwickeln sich neue Fähigkeiten. Man kann nun aus eigenem Willen daran mitwirken. Man kann seine eigene Freiheit geboren werden lassen. Doch ein Endpunkt ist dies nicht. Man kann die ,Erziehung seiner selbst durch sich selbst' immer mehr erweitern. Das Selbstbewusstsein kann sich weiter entwikkeln als bis zu der in diesem Buch beschriebenen Freiheit. Man kann dahin kommen, in seiner Freiheit viel größere Fragen als die eigenen Lebensfragen zu stellen. Ein Weg wird sichtbar, der bis an den Horizont reicht – und wenn man diesen erreicht hat, zeigt sich, dass der Weg noch weiter geht...

Und jeder Schritt auf diesem Weg wird wirklich der eigene sein.

Ich möchte die folgende *Perspektive* geben. Wenn man verwirklicht, was in diesem Buch als Freiheit beschrieben ist, hat man zugleich ein Vermögen zu klarem, objektivem Einsichtsdenken entwickelt. Wenn man älter wird, etwa über die Dreißig hinaus, kann man erreichen, dass dieses Denken etwas wird, was an sich wirklich *etwas ist*. Es kann ein neues Gebiet werden, das man ebenso bewusst und klar anschauen kann, wie man jetzt mit seinen Sinnen die Welt um sich herum anschaut. Jetzt ist es noch ein flüchtiges Spiegelbild. Aber es kann sich verstetigen und so zu etwas werden, das einem eine neue Lebenssicherheit gibt, nämlich die Sicherheit, dass man noch immer da sein wird, wenn der Leib längst nicht mehr da ist.

Das scheint in diesem Moment völlig aus der Luft gegriffen zu sein. Es ist aber auf dieselbe Weise zu beweisen, wie die Freiheit zu beweisen ist: Jeder Mensch muss sich dieses Erleben selbst verschaffen. Man braucht dafür keinen Glauben, man braucht nichts anzunehmen, man muss nur dem Weg weiter folgen. Dann wird das Denken so etwas wie ein Leib, in dem man wohnen kann und der wahrnehmen kann, was ihm verwandt ist. Man findet seinen Ursprung und seine Bestimmung, das α en ω, das Alpha und Omega seines Daseins, das weit, weit über die Grenzen von Geburt und Tod hinausgeht.

113